Joachim Potthast

Die Tagebücher des Seekadetten Günter P.

Gefallen im Landkampf in den letzten Kriegstagen 1945

Vorwort

In dem Nachlass meines Vaters Karl Heinz Potthast habe ich Tagebücher, Briefe und Urkunden gefunden, die von seinem jüngeren Bruder Günter stammen.

Günter hatte sich nach dem Vorbild seines zwei Jahre älteren Bruders als Seeoffiziersbewerber zur Kriegsmarine gemeldet. Im Januar 1944 wurde Günter zur Marine eingezogen. Bei Kriegsende war sein Schicksal ungewiss. Er war „vermisst" – wie viele andere Soldaten auch.

Nachdem ich schon die Marinezeit meines Vaters in dem nicht veröffentlichten Buch „Erfolg geht vor Rückkehr" niedergeschrieben hatte, drängte es mich jetzt nach Durchsicht der Dokumente, auch das kurze Leben des Günter Potthast und sein Schicksal als Soldat der Kriegsmarine für die Familie festzuhalten.

Erläuterungen und Anmerkungen des Autors sind kursiv gesetzt. Meine Korrekturleser haben mich gebeten, die seemännischen Fachbegriffe zu „übersetzen".

Ich danke Gabi und Torsten Potthast, dass sie mir noch einige Fotos von Günter zur Verfügung gestellt haben.

Joachim Potthast

Im Dezember 2017

Inhalt

Günter erzählt ...

Abb. 1: Günter am Nachbarhof

1. Meine Schul- und Lehrzeit

Dieses 1. Kapitel habe ich so formuliert, wie Günter es selbst gesagt haben könnte. Kapitel 2 bis einschließlich 8 enthalten die originalgetreuen Texte der Tagebuchaufzeichnungen und Briefe von Günter.

An einem dieser grauen Novembertage des Jahres 1943 nutze ich meine kurze Freizeit, um in einer Unterkunft hier in einer Baracke des Reichsarbeitsdienstes meine Bewerbung zur Kriegsmarine zu schreiben. Ich möchte wie mein großer Bruder Karl Heinz Seeoffizier werden.

Abb. 2: Günter beim Reichsarbeitsdienst

Die Obrigkeit hatte mich am 21.09.1943 aus meiner Tischlerlehre vorzeitig
herausgerissen und auf das Land zur Erntearbeit nach Lotte bei Osnabrück
geschickt. Das Regenwetter ermöglicht es, dass wir nun etwas Zeit für uns
persönlich haben. Und so beginne ich, meinen Lebenslauf für die Bewerbung zu
schreiben. Da fange ich doch gleich mit meiner Familie an:

Wir wohnen in dem 1900 erbauten Fachwerkhaus an der alten Heeresstraße
zwischen Herford und Bad Oeynhausen, Koblenzerstraße 50, wo der Weg in das
Dorf nach Gohfeld abzweigt. Im Anbau unseres Bauernhauses sind etliche
Viecher untergebracht: Kühe, Schweine, Ziegen und Hühner. Und überall laufen
die Katzen herum. Den Hund hat mein Vater abgeschafft, nachdem er Karl
Heinz in die Backe gebissen hatte. Wird er wohl dran schuld gewesen sein.

Abb.3: Das Elternhaus in Gohfeld

Mein Vater Hermann Potthast ist der Herrscher auf dem Bahnhofsknoten in Löhne. Er arbeitet im Schichtdienst. Wenn er vom Dienst heimkommt, geht er meist noch in den Garten und kümmert sich um das Gemüse.

Abb.4: Vater und Karl Heinz 1941 im Garten

Oder er fährt mit dem Rad zum Stemmen, 500 Meter die Weihestraße hinab Richtung Dorf und dann rechts hoch auf die Ebene, wo unser Acker ist. Diesen Acker kennen wir Kinder nur allzu gut, denn wir müssen immer mithelfen: Den Acker pflügen, Korn mähen, Ähren binden, Hocken aufstellen, Kartoffeln pflanzen und im Herbst Kartoffeln aufsammeln. Für die Abfahrt der Ernte leihen wir uns immer vom Bauern Rürüp, der seinen Hof uns gegenüber auf der anderen Straßenseite hat, die Gespanne aus. Im Gegenzug helfen wir ihm bei seiner Ernte und beim Dreschen des Getreides.

Mit Pferden konnte ich schon immer sehr gut umgehen. Bei der Feldarbeit habe ich stets solange gedrängelt, bis sie mir den Gaul überlassen haben.

Sollten sie doch die anderen Arbeiten machen. Auf dem Acker tragen wir alle die robusten Holzschuhe von der „Holzkenfabrik Schröder" bei uns in der Nähe.

Abb.5: Feldarbeit mit dem Pferd am Stemmen 1941, rechts die Eltern.

Und weil mein Vater ja Obersekretär bei der Reichsbahn ist, haben wir noch das Recht, einen bestimmten Abschnitt des Bahndammes an der Südbahnstrecke zu mähen. Das ist aber eine sehr mühsame Arbeit, weil der Damm so hoch und steil ist.

Mein Bruder Karl Heinz hatte sich 1942 zur Marine gemeldet. Das war ganz neu in unserer Familie. Mein Vater hatte ja noch bei den Bayerischen Husaren in Dillingen gedient, im katholischen „Ausland", obwohl er ein Kind der streng evangelischen Gemeinde Gohfeld war. Vater diente von 1910 – 1913 in der 4. Eskadron des 8. Chevauleger-Regiment. Wenn seine Kameraden sonntags zur Messe gingen, musste er die Pferdeställe ausmisten. Gohfeld ist eine evangelische Hochburg. Unser Pfarrer, Johannes Kuhlo, war der Begründer der westfälischen Posaunenchöre. Aber niemand aus unserer Familie hat je ein Flügelhorn zum Gotteslob geblasen.

Ja – unser Pastor Kuhlo hatte die Gohfelder wieder fromm gemacht. Noch um 1700 waren die Männer an der Werre Grobiane und Trunkenbolde. Und das meinte man früher, wenn man jemanden einen „Gohfelder" schimpfte.

Abb.6: Die Familie 1935 vor dem Elternhaus.
Von links: Mariechen, Karl Heinz, Günter, auf dem Arm Marlene, unten Horst.

16 Jahre war ich alt, als sich mein Bruder mit seinem kleinen Koffer nach Stralsund zur Kriegsmarine verabschiedete. Und das war auch mein Ziel.
Ich wollte meinem Bruder folgen und Seeoffizier werden. Kavallerie – das war etwas für Onkel Gustav Backs, den Bruder meiner Mutter, der jetzt in Russland zusammen mit seinen Pferden kämpft, aber nicht für mich.

Zur Schule gegangen bin ich in Gohfeld, das Schulhaus lag schräg gegenüber der Kirche auf der anderen Straßenseite. Dort habe ich gelernt, dass unsere Gegend schon vor 2000 Jahren ein wichtiger strategischer Punkt im Kampf zwischen Römern und Germanen war. Wie Tacitus berichtet, lagen zwischen Weser und Werre die Cherusker, deren Fürst Arminius die Legionen des Varus irgendwo zwischen Wiehengebirge und Teutoburger Wald vernichtend geschlagen hatte.

Wie auch mein Bruder bin ich Hitler-Jugend beigetreten. Im November 1940 machte man mich zum Hordenführer im Jungvolk. Aber so viele Fahrten und Zeltlager wie Karl Heinz habe ich nicht mitmachen können, es war ja schon Krieg.

Ich war gerade konfirmiert und hatte die 7. Klasse der Volksschule beendet, da hatte mein Vater mich schon für eine Tischlerlehre bei Heinrich Lange in Melbergen angemeldet. Ich wurde gar nicht erst gefragt nach meinem Berufswunsch.

Abb.7: Mit Karl Heinz 1941

Am 15.04.1941 habe ich meine Lehre als Möbeltischler begonnen. Bei uns in der Region gibt es etliche Schreiner- und Tischlerbetriebe, so auch 200 Meter von uns entfernt an der Weihestraße die Möbelfabrik Potthast, die ein Cousin meines Vaters gegründet hatte. Größer sind natürlich die Möbelfabriken Nieburg und Dowe, 500 Meter von uns entfernt in Richtung Herford. Und dahinter liegt die bereits erwähnte Holzschuhfabrik Schröder. Also musste auch ich nach Ansicht meines Vaters ein Holzhandwerk erlernen.

Karl Heinz war nach seiner Grundausbildung zur 3. Schnellbootflottille in Sizilien kommandiert worden. Im März 1943 kam er vom Mittelmeer zurück mit dem Abzeichen der Schnellbootfahrer und erzählte spannende Geschichten von wilden Gefechten mit den Engländern vor Nordafrika. Das hat mir gewaltig imponiert.

Abb.8: Seekadett Karl Heinz daheim, März 1943

Meine Möbeltischlerlehre musste ich vorzeitig beenden, weil der Reichsarbeitsdienst meine Arbeitskraft verlangte. So sitze ich hier nun in Lotte, RAD Abteilung 2/161, und grübele über meinem Lebenslauf:

Günter Potthast, geboren am 12.10.1926 in Gohfeld
Vater: Friedrich Heinrich **Hermann** Potthast, Reichsbahnsekretär, geboren am 30.09.1893 in Gohfeld

Mutter: Luise **Marie** Karoline Potthast, geborene Backs, geboren am
20.12.1895 in Gohfeld
Geschwister:
Karl Heinz Potthast, geboren am 26.08.1924 in Gohfeld
Mariechen Potthast, geboren am 17.07.1929 in Gohfeld
Horst Potthast, geboren am 11.06.1933 in Gohfeld
Magdalene Potthast, geboren am 27.05.1935 in Gohfeld

Wie ihr seht, sind alle in Gohfeld geboren. Jöllenbeck hieß früher dieses kleine
Hofgut, das schon 993 in einer Urkunde des Bischofs von Minden erwähnt ist
Später wurde es aber in Gohfeld umbenannt wegen der Verwechselungsgefahr
mit dem kleinen Ort Jöllenbeck nahe Bielefeld.

Auf der Suche nach einem Passfoto habe ich noch ein schönes Bild mit meinem
jüngeren Bruder Horst gefunden. Vielleicht will er später auch einmal
Seeoffizier werden, dann wären wir schon zu dritt bei der Kriegsmarine.

Abb. 9: Mit Horst

Hier sind noch einmal alle meine Geschwister und ich zusammen vor unserem Haus zu sehen. Es ist in dem Jahr aufgenommen, als Karl Heinz seinen Koffer packte und zur Marine ging.

Abb. 10: Die Geschwister 1942

Das sind die Basisdaten für meine Bewerbung zur Kriegsmarine. Daraus habe ich meinen Lebenslauf gebastelt, wie oben beschrieben, nur etwas kürzer.

Und nun habe ich noch mein schönes Passfoto zur Hand für das Bewerbungsschreiben.

Abb. 11: Günter 1941

Die Antwort der Annahmestelle für Offiziersbewerber der Kriegsmarine kommt zu meiner Überraschung postwendend. Unter dem Aktenzeichen B-Nr. E 100602 erhalte ich die Nachricht vom 15.12.1943, dass mein Gesuch um die Einstellung in die Seeoffizierslaufbahn akzeptiert wird. Ich muss mich mit diesem Annahmeschein binnen zwei Wochen bei meinem Wehrbezirkskommando melden.

Und dann geht es noch schneller: Die Annahmestelle in Stralsund schreibt am 27.12.1943, dass meine Einberufung zum 16.01.1944 erfolgen wird. Ich muss nur noch den Ariernachweis, Sportzeug und Wäsche für die Einstellungstage mitbringen, den Rest wird die Marine erledigen.

Jetzt haben wir bald einen Fähnrich zur See und einen Matrosen OA (Offiziersanwärter) in der Familie.

Abb. 12: In Glücksburg

Ich hatte Karl Heinz ja schon im Sommer 1943 in Glücksburg besucht, wo er seinen Fähnrichslehrgang absolvierte. Die Stadt Flensburg, die Kaserne in Glücksburg und besonders die Offiziersschule in Mürwik, die Backsteinburg direkt an der Flensburger Förde, hatten mich schwer beeindruckt. Mein Entschluss stand fest: Ich wollte zur See fahren und auf dieser ehrwürdigen Burg mein Patent zum Seeoffizier ablegen.

2. Einrücken zur Marine nach Stralsund

31.12.43
Heute am Silvester haben wir bei Heinz Nieburg *(Sohn des Möbelfabrikanten, der später die Firma übernahm)* eine kleine Feier. Dabei wurde ich von den Frauen sehr enttäuscht.

01.01.44
Der heutige Tag bringt mich zu einem gemütlichen Skat nach „Bollermann" *(das Gasthaus nicht weit vom Elternhaus an der Koblenzerstraße)*. Anschließend gehen Heinz und ich nach Oeynhausen. Dort erlebt auch Heinz eine große Enttäuschung mit den Frauen.

02.01.44
Heute Nachmittag unternehmen wir wieder einmal unseren täglichen Spaziergang nach Oeynhausen. Dort treffe ich zwei Kameraden aus meiner RAD-Abteilung. Der eine hat denselben Einberufungsbefehl wie ich nach Stralsund.

03.01.44
Am heutigen Tage muss mein lieber Bruder Karl Heinz zum Kommando. Er hatte ein Telegramm bekommen, dass er nicht - wie gehofft und erwünscht - nach Venedig zu seinem 3. Schnellbootgeschwader, sondern nach Heiligenhafen bei Lübeck einrücken soll soll. Er hat noch keine Ahnung, was ihn dort erwartet. Ich begleite Karl Heinz mit unserem braven kleinen Bruder Horst zum Bahnhof. Dort treffe ich K.H. Schierholz, meinen alten HJ-Stammführer.

04.01.44
In Oeynhausen treffe ich Hilde Westhues und begleite sie nach Hause. Sie ist für mich der wichtigste Mensch. Einmal wenigstens werde ich nicht enttäuscht von den Frauen. Schade ist nur, dass Hilde eineinhalb Jahre älter ist als ich.

05.01.44
Der Oberfeldwebel Schrader vom Wehrbezirkskommando trägt in meinen
Wehrpass den Annahmeschein für die Seeoffizierslaufbahn ein. Am Bahnhof
stehend treffe ich wieder Hilde und begleite sie nach Hause. Unterwegs
unterhalten wir uns über unsere Väter, die beide als Sekretäre bei der
Reichsbahn tätig sind. Treffe außerdem noch Inge, und wir verabreden uns für
morgen.

06.01.44
Abends gehe ich zu Inge und verlebe dort einen schönen Abend. Inges Mutter
geht nach einer halben Stunde fort und lässt uns beide ganz allein zu Hause. Ich
bitte Inge, am 14. Januar mit mir bei „Bollermann" Abschied zu feiern. Dieses
wird wieder ein schöner Abend. Leider kann ich nicht feststellen, ob Inge ganz
für mich schwärmt. Ihrem Benehmen nach – ja !!!

Abb. 13: Daheim im Garten

07.01.44
Heute Abend gehen Reinhold und ich ins Kino: „Leichtes Blut". Das ist ein Liebesfilm wie es im Buche steht. Liebe, Eifersucht und Selbsterkenntnis. Ich treffe dann meinen alten Bekannten, den Obergefreiten Heinz Gerlach, der auch in der Kriegsmarine dient.

12.01.44
Nach einigen Tagen treffe ich Hilde wieder und bitte sie, am Freitagabend mit mir meinen Abschied zu feiern.

13.01.44
Heinz Rolfsmeier und ich treffen uns heute im Bahnhof. Er lädt mich zum Abschied ein. Wir gehen zu „Rinne" und leeren dort eine Flasche Rotwein. Anschließend sitzen wir noch gemütlich beisammen.

14.01.44
Allmählich kommen die letzten Tage. Leider habe ich nicht alles erledigen können. Das geht mit Krach zu Ende (Eltern und Geschwister). Heute Abend geht es bei „Bollermann" mächtig rund. Günter spielt wieder auf dem Klavier die tollsten Sachen. Leider wird dieser Abend durch einen starken Fliegeralarm abgeblasen (Brandbomben bei Bauer Held). Fünf Jungens feiern trotz alledem mächtig. Ich komme etwas angeheitert nach Hause.

16.01.44
Heute ist nun der Tag meiner Einberufung. In Löhne treffe ich F. Berghöfer, der mit mir nach Stralsund fährt. Bis Berlin ist es eine gute Fahrt. In Berlin treffen wir noch F. Tepel. Um 17.28 Uhr geht es nach Stralsund weiter, und um 21.44 Uhr sind wir pünktlich am Ziel, auf dem Dänholm, der Insel im Sund zwischen Rügen und dem Festland.

17.01.44
Wir sind in der Moltke-Kaserne untergebracht. Heute beginnt die ärztliche Untersuchung. Ich treffe viele Bekannte aus Lotte von unserer RAD-Abteilung wieder. Bei der Untersuchung bestehe ich alles.

18.01.44
Um 07.30 Uhr treten wir vor der Turnhalle zur sportlichen Prüfung an. Die Geräte der Turnhalle sind tadellos. Meine Leistungen an den Geräten sind einwandfrei.

19.01.44
Obermaat Wiemann aus Gohfeld lässt mich durch den UvD *(Unteroffizier vom Dienst)* auspfeifen. Hier bei der Marine werden alle Kommandos mit der Bootsmannsmaatenpfeife ausgepfiffen. Wir plaudern gemütlich einige Stunden. Wir sprechen viel über Gohfeld und den Turnverein.

20.01.44
Obermaat Wiemann erzählt, dass wir in den ersten zwei Wochen nur Geländedienst schieben werden. Heute erfahre ich, dass ich als aktiver Seeoffiziers-Anwärter angenommen bin. Den ersten Fliegeralarm hatten wir heute schon um 07.10 Uhr.

21.01.44
Heute beginnt die Aufteilung auf die Kompanien. Ich komme in den 3. Zug der 2. Kompanie der 1. Schiffsstammabteilung. Wir sind jetzt in der von-der-Tann-Kaserne untergebracht. Hier treffe ich mich mit K.H. Berghöfer auf einer Stube wieder. Nachmittags beginnt die Einkleidung. Wir erhalten unsere Unterwäsche und den grauen Rock der Infanterie. Morgen erhalten wir noch zwei blaue Marine-Uniformen. Ich als Jüngster des 3. Zuges werde als Aufklarer beim Oberbootsmann bestimmt, das ist jetzt meine Reinschiff-Station, für den muss ich jetzt immer putzen.

22.01.44, Brief, Stralsund, Dänholm
Meine Lieben daheim,
in den ersten Tagen ging es sehr ruhig und gemütlich zu mit Untersuchungen und Sportprüfungen. Zu Mutters Beruhigung gibt es hier sehr gutes Essen:
1. Tag: Schweinebraten mit Salzkartoffeln
2. Tag: Erbsensuppe
3. Tag: Bratfisch mit Pellkartoffeln
4. Tag: Rindfleisch mit Nudeln
Es gefällt mir hier gut. ...
Euer glücklicher Sohn Günter!

23.01.44
Am heutigen Sonntag tobe ich mich in der Turnhalle aus. Ich lerne dort den einfachen Salto aus den Ringen. Anschließend gehe ich in den Lesesaal und schreibe dort einige Briefe.

23.01.44, Brief, Stralsund
Meine lieben Eltern,
am ersten Tag unserer Ausbildung haben wir gleich scharf geschossen. Ich bin Drittbester unseres Zuges geworden. Danach haben wir die erste Ausbildung am MG erhalten, das hat mir große Freude bereitet. Jeden Tag marschieren wir über den Rügendamm 8 Kilometer zur Insel und dort weiter zur Halbinsel Drigge zur Geländeausbildung. Hoffentlich geht es euch allen gut, welches ich von mir berichten kann. Das Leben gefällt mir hier tadellos, auf jeden Fall besser als die Tischlerei. ...
Für heute wünsche ich Euch alles Gute, Euer Sohn Günter.

26.01.44
In der Geländeausbildung machen wir heute sprungweises Vorarbeiten im Gelände. Der Kompaniechef hält eine gewaltige Ansprache über die allgemeinen Regeln in der Kompanie.

27.01.44
Wir machen heute eine Übung im Gelände mit Platzpatronen, auch mit MG-Feuer. Abends veranstaltet der Chef der 3. Kompanie, Kptlt Holste, ein gemeinsames Singen.

28.01.44
Heute haben wir mit unserem Kompaniechef eine Nahkampfübung im Gelände durchgeführt. Er zeigte uns, wie man sich am besten durchsetzen kann im Kampf Mann gegen Mann.

30.01.44, Brief, Dänholm
Ihr Lieben daheim,
heute hatten wir zum ersten Mal unsere blauen Uniformen an. Ihr könnt Euch denken, wie feierlich das war, 1.500 Soldaten in Blau zu einer Feierstunde angetreten zu sehen. Unser Kommandeur, KptzS Zollenkopf, hielt uns eine längere Ansprache. Er sagte unter anderem: Wir müssten in den ersten 14 Tagen unserer Ausbildung sehr viel lernen, damit wir notfalls sofort für einen Einsatz bereit sind. Dies wäre dann für uns ein Vorteil, damit wir uns einmal wirklich kämpfend einsetzen können. ... Wie ist es mit dem Fliegeralarm bei Euch? Wir hatten den ersten Alarm, als sie Berlin angegriffen haben. Ich hoffe,

dass ihr von dem Luftkrieg dieses feigen, hinterlistigen Gegners verschont bleibt. Haben sie in der näheren Umgebung schon wieder Bomben abgeladen? Es grüßt euch Euer glücklicher, froher Sohn Günter.

04.02.44
Im Laufe des heutigen Tages mussten wir einen Arztvortrag anhören. Um 18.30 Uhr beginnt im Speiseraum eine große Varite-Vorstellung. Dieses ist ein sehr gemütlicher Abend.

06.02.44, Brief, Dänholm
Liebe Eltern und Geschwister!
Seit gestern sind bei uns nun auf dem Rügendamm Doppelposten aufgestellt. Sie sollen jeden Unbefugten aufhalten, wenn nötig umlegen. Das hat den Zweck, diese Verbindungsstraße vor Sabotageakten zu schützen, nachdem diese in der letzten Zeit sehr stark zugenommen haben. Leider bin ich bei diesem Kommando nicht mit dabei, denn ich gehöre zu dem Einsatztrupp. Aus jedem Zug sind 36 Mann zum Einsatztrupp eingeteilt. Dieser Trupp ist feldmarschmäßig ausgerüstet und alle Soldaten müssen bei „Alarm Küste" sofort mit ihrem Tornister zum Einsatzgebiet eilen. Ich bin am MG eingeteilt. Wir hoffen natürlich alle, am Schluss dieses Lehrgangs auf ein Bordkommando zu kommen und nicht zum Infanterie-Einsatz. Aber hier kann man ja nichts daran ändern. Es ist schon so wie unser Dönitz zu uns sagte: „Mehr tun, als die Pflicht verlangt, und dann noch nicht ausruhen." … In der nächsten Woche erhalten wir für 45,- RM Bücher. Ich kann mir nicht denken, wofür diese sein sollen. …
Herzlichen Gruß, Günter, Euer glücklicher Sohn.

09.02.44
Heute beginnt hier ein Sau-Wetter. Es schneit und hagelt. Wir haben Ausbildung am Gewehr, zerlegen und so weiter.

10.02.44
Heute hat Hilde Geburtstag. Leider kann ich nicht teilnehmen an der Feier. Wir geben unsere Karabiner ab und erhalten die kleinen italienischen Gewehre. Anschließend haben wir den ersten Signaldienst.

11.02.44
Heute spielen wir zum ersten Mal mit unserem Zugführer, Oberfeldwebel Fürst, Handball. Wir rennen in 10 cm hohem Schnee umher.

12.02.44
Nach dem Unterricht mit dem Kompaniechef machen wir mit unserem Oberfeldwebel Fürst einen Ausmarsch. Auf diesem Marsch haben wir eineinhalb Stunden die Gasmaske auf. Anschließend gehen wir in den Gasraum zur Prüfung der Dichtheit der Maske.

16.02.44
Die Ausbildung wird allmählich schärfer. Nachmittags machen wir wieder unseren Sport in der Halle. Beim Geräteturnen werden wir jedes Mal immer wieder an den langen Tauen bis zum Dach hinaufgejagt.

17.02.44
Heute hatten wir unsere erste Übung mit scharfen Handgranaten. Der Kommandeur besichtigte uns dabei. Meine Handgranate war ein Blindgänger. Der Oberfeldwebel und ich gingen hin und setzten einen neuen Zünder ein. Am Nachmittag habe ich meinen Verpflichtungsschein unterschrieben: „Ich verpflichte mich auf unbegrenzte Zeit zum Dienst in der Wehrmacht", Günter Potthast, 2. Kompanie, 1. Schiffsstammabteilung, gegengezeichnet von Kapitän zur See Zollenkopf, dem Kommandeur der Schiffsstammabteilung in Stralsund.

19.02.44
Beim Signaldienst beginnen wir mit dem Morsen. Heute haben wir ab 16.00 Uhr Ausgang. K.H. Berghöfer, Völlinger und ich gehen in die Stadt, wir wollen etwas essen. Das klappt nicht, wir haben leider keine Marken.

20.02.44
Nachmittags haben wir drei Stunden Alarm. Feindliche Flugzeuge nähern sich Stralsund. Später sind in Richtung Drigge und Peenemünde *(Erprobungsstelle und Abschussbasis der Langstreckenraketen V1 und V2)* Rauchwolken zu sehen gewesen.

Abb. 14: Günter und Kameraden im „Arbeitspäckchen"

20.02.44, Brief, Dänholm
Meine Lieben,
heute haben wir unsere Bücher erhalten: Zwei Bücher über Navigation, ein
Buch von der Seemannschaft und ein Buch „Der Marineoffizier als Führer und
Erzieher". Diese Bücher hat unsere Familie ja nun das zweite Mal erhalten, aber
vielleicht brauchen Karl Heinz und ich diese noch einmal gleichzeitig. Schickt
mir bitte etwas Einschlagpapier für die Bücher, denn hier kann ich nichts
bekommen.
Am 14. Februar sind wir nun vereidigt worden. Dieses ist wohl bisher der
wichtigste Tag in meinem Leben gewesen. Am Sonntagmorgen war der
Vereidigungsgottesdienst. Hier erinnerte uns der Marinepfarrer an die Pflichten
und an die Wichtigkeit des Schwures, den wir am Montag ablegen sollen. Der
Abteilungskommandeur hielt uns eine Ansprache, in der auch er nochmals auf
unsere Pflichten hinwies. Das Essen bei dieser Feierlichkeit war ausgezeichnet.
Diesmal wurde es uns sogar serviert. Auch die Ausbilder und der Kompaniechef
saßen bei uns mit am Tisch. Es wurden mehrere Gänge aufgetragen.
Nachmittags hatten wir Landgang, sofern wir die Urlaubermusterung
überstanden hatten, bei der ganz streng unsere Uniform überprüft wurde,
besonders die weiße Schleife des Matrosenkragens und die Enden des

Mützenbandes. Ich habe in Stralsund versucht, mich fotografieren zu lassen. Das war aber nicht möglich. Es werden nur Passbilder angefertigt, und dann nur für dienstliche Zwecke. Also müsst ihr euch etwas gedulden, bis ihr ein Foto von mir in Marineuniform habt. ...
Seid herzlichst gegrüßt von Eurem Günter.

Vom 21. Februar bis 21. März musste ich mein Tagebuch unterbrechen.

21.03.44, Brief, Dänholm
Liebe Eltern,
ich bedanke mich ganz besonders für das Päckchen mit den Fettwaren, welches Obermaat Wiemann mitgebracht hat. Wie mir Walter Wiemann mitgeteilt hat, soll Erich Nieburg in Russland gefallen sein. Ist das wahr? Er war doch der beste Freund von Karl Heinz! Auch sollen noch andere gefallen sein. ...
Die Abschlussbesichtigung ist für unseren Zug sehr gut ausgefallen. Der Kommandeur hielt anschließend eine Ansprache, in der er betonte, dass der Einsatz nicht mehr lange auf sich warten lässt. ...
Wir müssen unter allen Umständen diesen Krieg gewinnen. Wenn ich nun bald an Bord komme, so bitte ich euch, liebe Eltern, macht euch nicht so viele Sorgen. Es ist bestimmt umso leichter für den, der an der Front steht, wenn er weiß, dass sie in der Heimat auf den Führer und auf den Sieg vertrauen.
Nun habt ihr am Sonntag die Konfirmation von Mariechen. Es ist schade, dass wir nicht alle daheim sind.
Ich wünsche euch alles Gute, Euer Sohn Günter.

Abb. 15: Auf dem Dänholm

23.03.44
Durch unseren Zugführer wird mir heute meine Abkommandierung auf den Zerstörer „Z 31" nach Swinemünde bekanntgegeben. Damit ist für mich ein großer Wunsch in Erfüllung gegangen. Abends bin ich bei Walter Wiemann eingeladen. Wir spielen einen gemütlichen Skat und leeren dabei ein paar Flaschen Weißwein.

28.03.44
Morgens um 03.30 Uhr gibt es „Alarm Küstenschutz". Es ist eine ganztägige Übung mit der Waffen-SS. Ich brauche nicht teilzunehmen wegen der Kommandierung zu „Z 31". Am Nachmittag reisen wir mit der Bahn ab vom Dänholm zu unseren neuen Kommandos.

3. Kommandierung auf „Zerstörer 31"

Die folgenden Aufzeichnungen schreibt Günter in einer Signalkladde nieder:
„Meine Kadettenzeit an Bord Z 31". Das ist ein offiziell angeordnetes Tagebuch,
das von den Vorgesetzten kontrolliert wird, also: Beim Schreiben ist seitens der
Kadetten eine gewisse Vorsicht geboten!

Hier einige technische Daten zum Schiff:
Der Zerstörer „Z 31" - Typ Zerstörer 1936 A (Mob.) - wurde im April 1942 in
Dienst gestellt.
Länge 127 Meter, Besatzung 332 Mann.
Geschwindigkeit 36 Knoten, 2 Gasturbinen mit 6 Kesseln liefern 70.000 PS.
Bewaffnung: 4 Geschütztürme Kaliber 15 cm, 6 Flugabwehrkanonen 2,0 -3,7
cm, 2 Vierer-Torpedorohre, Wasserbomben und Seeminen.

Zerstörer „ünd wir fahren gegen Engeland"

Abb. 16: Zerstörer der Kriegsmarine

Der Zug bringt uns am 30.03. über Anklam und Usedom nach Swinemünde. Die 8 besten Offiziersanwärter unserer Kompanie sind zu den Zerstörern abkommandiert. Wir werden am nächsten Tag begrüßt durch den Ersten Offizier (IO) und den Kadettenoffizier von „Z 31". Zunächst sind wir an Land untergebracht, weil das Boot noch in der Werft liegt.

Am 02.04. gehen wir an Bord. Zunächst machen wir einen Rundgang durch das Schiff. Wir, die alten und die neuen Kadetten, sind im Achterdeck untergebracht. Das Deck ist überbelegt, es ist fürchterlich eng hier. Ich werde als Geschützbedienung zum vierten Geschützturm D auf dem Achterdeck eingeteilt. Diese Kanone, Kaliber 15 cm, ist meine Gefechtsstation. Um 07.30 Uhr ist seeklar. Ein anderer Zerstörer begleitet uns hinaus auf See. Während dieser Fahrt macht unsere Flak ein Übungsschießen auf einen Luftsack, der von einem Flugzeug gezogen wird. Wir schießen zwei Luftsäcke ab. Im Morgengrauen laufen wir in Gotenhafen ein, dem Vorhafen von Danzig. Der Hafen ist voll von Handelsschiffen. Wir übernehmen Munition. Zum ersten Mal sehe ich größere Einheiten der Kriegsmarine: Die Kreuzer „Gneisenau", „Hipper", „Lützow", „Emden", „Nürnberg" und „Leipzig".

Am 04.04. beginnt unser Artillerieschießen zusammen mit dem schweren Kreuzer „Lützow" auf eine Zielscheibe, die von einem Schlepper gezogen wird. Ich bin eingeteilt als Hülsenfangnummer, d.h. ich muss die ausfallenden Hülsen einfangen. Am nächsten Tag brechen wir das Schießen wegen schlechter Sicht ab und gehen auf Reede vor Anker.

Abb. 17: Geschützturm A des Zerstörers „Z 32" mit Doppellafette

08.04.44: Zum ersten Mal schießen wir mit unseren 15 cm-Geschützen auf ein Zielschiff. Der Vizeadmiral ist bei uns an Bord. Nachts laufen wir wieder in den Hafen ein.

Heute ist Ostersonntag. Der Tag beginnt mit einem schönen Sonnenaufgang. Der Seemannsberuf ist ein schöner, aber harter. Er kennt, wenn es sein muss, keinen Feiertag. Auch heute wird gearbeitet, zur Vorbereitung auf das Torpedoschießen. Ein schönes andauerndes „Flagge Lucie" *(Antreten in wechselnden Uniformen)* schließt den ersten Feiertag ab. Wir mussten mehrfach dieses Spielchen machen, weil der Anzug nicht bei allen einheitlich war.

10.04.44: Der größte Teil der Besatzung ist an Land gegangen. Nun ist der Waschraum frei. Alle begeben sich mit der schmutzigen Wäsche dorthin. Waschtag! Zum ersten Mal schrubben die meisten von uns ihr Zeug selbst. Am nächsten Tag müssen wir nach dem allgemeinen Dienstausscheiden noch mit unserem Obermaat Falk Kutterpullen im Hafen üben.

12.04.44: Heute übernehmen wir die Torpedos für das Übungsschießen. Dabei treffe ich FhrzS Wilkens, einen Crewkameraden meines Bruders.

„Torpedo-los!"

Abb. 18: Zerstörer beim Torpedoschießen

13.04.44: Das Torpedoschießen auf See wird fortgesetzt. Der Seegang ist ganz schön heftig. Alles schwankt und wankt durcheinander. Das Torpedoschießen dauert noch drei Tage an. Dann ist ein gründliches Reinschiff angesagt. Nach dem Einlaufen gehen die alten Kadetten, die noch mit uns zusammengepfercht waren, von Bord. Jetzt beginnt ein großes Stauen und Packen. Jeder möchte eine Koje an der Bordwand haben. Alle Sachen müssen in kürzester Zeit verstaut sein in den kleinen Spinden und Backskisten.

17.04.44: Wir laufen aus mit drei Zerstörern, drei leichten Kreuzern und „Prinz Eugen" zum Flottenmanöver. Der Kadettenoffizier, OLtzS Rodenberg, geht mit uns auf die Brücke. Von dort aus sollen wir die Übungen Ölübernahmen sowie Schleppen und geschleppt werden beobachten.

18.04.44: Wir müssen Wasserbomben zum Werfen klarmachen. Die Dinger haben ein ganz schönes Gewicht. Wir erledigen das in Bestzeit. Tags darauf laufen wir wieder in Gotenhafen ein.

Am 20.04.44, Führers Geburtstag, ist große Proviantübernahme. Der Kommandant, KKpt Karl Paul, bringt in seiner Musterung zum Ausdruck, dass wir in kürzester Zeit in den Einsatz kommen werden.

Friedrich-Karl Paul ist seit Dezember 1943 Kommandant auf „Z 31". Er war vorher Kommandant des Torpedobootes „Jaguar". In einem Gefecht um die Schleusen des französischen Atlantikhafens von St. Nazaire hatte er ein britisches Motor-Kanonenboot gestellt und unter Feuer genommen. Als die Briten aufhörten zu schießen, stellte auch Paul das Feuer ein. Er übernahm die britischen Seeleute auf sein Boot, versorgte sie und brachte sie an Land. Er war also ein durchaus ritterlicher Marineoffizier (vgl. Schmoeckel, Menschlichkeit im Seekrieg, S. 115).

Am 23.04. übernimmt LtzS Hummel die Kadettenausbildung.

26.04.44: Zur Behebung eines kleinen Schadens war unser Zerstörer im Trockendock. Um 05.00 Uhr werden wir ausgedockt und laufen aus nach Kiel. Wir fahren dorthin mit drei Zerstörern und einem Sperrbrecher *(das sind größere Frachtschiffe, etwa 5.000 Tonnen, ausgerüstet mit besonderen elektromagnetischen Geräten zur Erkennung von Minen und anderen Hindernissen im Vorausbereich).*
Am nächsten Tag laufen wir um 07.00 Uhr in Kiel ein und passieren das Marine-Ehrenmal von Laboe. Mittags beginnt eine große Materialübernahme: Holz, Kisten, Panzerplatten u.s.w.

4. Aufbruch zum Polarkreis

28.04.44: Der Führer der Zerstörerflottille, Konteradmiral Leo Kreisch, steigt bei uns ein. Das Große Stauen von Panzerplatten, Maschinenteilen, Holz und Werkzeugen geht weiter. Bis in die späte Nacht wird gearbeitet. Wir sind abends froh, dass wir uns in die Koje legen können. Großes Fragen und Gerüchte gehen von Mund zu Mund: Norwegen. Alta-Fjord, Tirpitz!!!

29.04.44: Die letzten Vorbereitungen für die große Fahrt beginnen. Das ganze Material, die Kisten und Paletten, werden an Oberdeck festgezurrt. Außer der Fracht müssen noch hundert Werftarbeiter mitgenommen werden. Um 13.00 Uhr legt unser Boot von der Pier ab. Es stehen viele Leute und Bräute am Kai und winken uns den letzten Gruß zu. Vor dem Hafen warten ein Sperrbrecher und ein Minensucher auf uns. Diese sollen uns den Weg bis Skagen frei räumen. Ein schöner Anblick ist es, wenn man durch den Kleinen Belt fährt und zu beiden Seiten Land sieht. Auf den Wiesen Dänemarks weiden Schafe und Kühe. Heute bin ich erstmals Rudergänger *(am Steuerrad des Zerstörers)*. Leutnant Rickmers gibt mir einige Anweisungen, weil ich das Boot zwei Grad nach Backbord aus dem Kielwasser des Vordermannes gesteuert habe. Bald kann man die Leuchtfeuer von Schweden erkennen.

30.04.44: Es werden zwei Treibminen entdeckt. Um 15.00 Uhr verlassen uns der Sperrbrecher und der Minensucher. Die Nordsee ist erreicht. Ab 19.00 Uhr sind beide Kriegswachen auf Station. In Kristiansand nehmen wir einen Lotsen an Bord. Dieser soll uns durch die Schären nach Norden führen. Um 04.00 Uhr passieren wir Stavanger. Die Durchfahrt durch die Schären bietet uns einen herrlichen Anblick.

01.05.44: Wir befahren die schmalste Stelle zwischen Schottland und Norwegen. Es müssen wieder beide Wachen auf Station. In diesem Gewässer muss man mit Allem rechnen. Die ersten Zeichen des Atlantiks sind zu spüren. Einige Brecher durchnässen die neugierigen Zivilisten an Oberdeck. Abends laufen wir in Alesund ein und gehen hier vor Anker. Alle Seeleute sind unter Deck und es entsteht wieder eine große Wuhling *(Durcheinander)*.

02.05.44: Um 05.00 Uhr ist wieder seeklar. Bei der Durchfahrt durch die engen Schären kommt ein kleines Fischerboot dem Schraubenwasser zu nahe und kentert. Die beiden Männer des gesunkenen Bootes werden von einem Fischkutter aufgenommen. Nachmittags lassen wir Trondheim an Steuerbordseite liegen. Um 21.58 Uhr passieren wir den Nordpolarkreis. Die Nächte sind hier oben im Norden taghell erleuchtet. In einer Woche wird man keinen Unterschied mehr zwischen Tag und Nacht erkennen.

03.05.44: Auf Wache mache ich ein U-Boot aus. Dem wird aber widersprochen. Die Klippen und Berge der Lofoten sind eine wahre Augenweide. Auf den Spitzen liegt Schnee, und am Fuße der Berge grasen die Schafe der Fischerfamilien. Mittags laufen wir in Tromsö ein und nehmen einen Sperrbrecher mit für die Weiterfahrt. Dann habe ich Freiwache und haue mich auf die Koje. Kurz vor Mitternacht haben wir unser Ziel erreicht und gehen vor Anker. Wir liegen hier etwa 100 Km südlich Hammerfest und 200 Km südwestlich vom Nordkap, im Kaafjord, einem Nebenarm des 30 Km langen Alta-Fjordes.

04.05.44: Als ich in der Morgenfrühe an Oberdeck komme, sehe ich das gewaltige Schlachtschiff „Tirpitz" vor uns liegen, unweit vom Ufer des Fjordes. Wir gehen „Anker auf" und manövrieren in den Netzkasten, der die „Tirpitz" schützen soll. Dann machen wir längsseits an dem Schlachtschiff fest. Die Werftarbeiter steigen über auf ihren neuen Arbeitsplatz. Nun beginnt das große Ausladen. Alles, was wir an Material mitgenommen haben, wird auf die „Tirpitz" verfrachtet. Mittags treffe ich einen guten alten Bekannten aus meinem Heimatort *(Heinz Gerlach).* Silvester hatten wir bei „Bollermann" noch zusammen gefeiert. Er ist sehr erstaunt, mich hier als Zerstörerfahrer wiederzusehen. Abends machen wir beide einen Rundgang durch die „Tirpitz" und anschließend durch unseren Zerstörer. Die Räumlichkeiten auf so einem Dickschiff sind für die Mannschaft doch bedeutend größer und komfortabler als bei uns. Durch Feindeinwirkung sind erhebliche Zerstörungen auf der „Tirpitz" entstanden. Daher haben wir ja auch die Werftarbeiter und jede Menge Material mitgenommen.

Abb. 19: Tirpitz im Netzkasten

Das Schlachtschiff „Tirpitz" wurde im Februar 1941 in Wilhelmshaven in Dienst gestellt. Es war das etwas größere Schwesterschiff der „Bismarck": 52.000 Tonnen Wasserverdrängung, 2.500 Mann Besatzung, 251 Meter lang, vier Geschütztürme Kaliber 38 cm. Die „Tirpitz" war seit Januar 1942 im Norden von Norwegen stationiert, um dieses Seegebiet zu kontrollieren. In der Nacht zum 22. September 1943 gelang es vier britischen Kleinst-U-Booten vom Typ X, in den Altafjord einzudringen. Zwei feindliche Boote wurden zwar vernichtet, aber den beiden anderen gelang es, in den Netzkasten einzudringen, der die „Tirpitz" schützen sollte. Die Besatzungen der Klein-U-Boote konnten Sprengminen unter dem Rumpf des Schlachtschiffes anbringen, wurden dann aber von den Deutschen aufgebracht und gefangen genommen. Die Detonation der Minen verursachte schwere Schäden an der „Tirpitz", insbesondere an der Antriebsanlage. Seitdem waren mehr als 400 Arbeiter deutscher Werften an Bord der „Tirpitz", um die massiven Schäden zu beheben. Nach diesem erfolgreichen Kommandounternehmen gegen die „Tirpitz" untersuchte die Deutsche Marine die erbeuteten britischen Kleinst-U-Boote des Typs X und begann erst jetzt, ebenfalls Kleinst-U-Boote zu entwickeln und zu bauen. Mit dabei war Günters Bruder Karl Heinz, siehe mein unveröffentlichtes Buch „Erfolg geht vor Rückkehr", Privatdruck, 21.09.2014.

Zudem wurde die „Tirpitz" ständig von britischen Flugzeugen angegriffen, die entweder von Schottland aus oder von Flugzeugträgern aus starteten. Die Bomber hatten im Ergebnis aber keinen durchschlagenden Erfolg wegen der perfekten Tarnung der „Tirpitz" durch Vernebelung.

Am 03.04.1944 war ein britischer Kampfverband vor Nordnorwegen aufgetaucht, um die „Tirpitz" zu vernichten. Die Flugzeugträger „Furious" und „Victorious" wurden von Schlachtschiffen, Kreuzern und Zerstörern eskortiert. Über 40 Bomber, von Jagdflugzeugen begleitet, warfen ihre Last ab in Richtung „Tirpitz". Die Briten verloren nur drei Maschinen – aber nicht durch deutschen Beschuss, sondern durch Pannen bei Start und Landung. Die „Tirpitz" erhielt 14 Treffer. An Bord starben über 100 Seeleute, mehr als 300 wurden verletzt. Um die Schäden dieses Fliegerangriffes zu reparieren, wurde „Z 31" in Kiel mit Werftarbeitern und Material beladen.

Dieser britische Großangriff hatte Dönitz so geschockt, dass er befahl, die „Tirpitz" nicht mehr gegen Geleitzüge einzusetzen, weil er den Verlust seines letzten Schlachtschiffes befürchtete.

5. Wachboot der „Tirpitz"

05.05.44: Nach einem schneidigen Reinschiff und Waffenreinigen ist nachmittags um 16.00 Uhr Musterung durch den Chef der 4. Zerstörer-Flottille, KptzS und Ritterkreuzträger Johanesson (ja – ich habe den Namen falsch geschrieben und mein Kadettenoffizier hat das korrigiert). Er forderte von uns größte Kampfentschlossenheit, wie es die Tradition der Torpedoboote und Zerstörer verlangt und erinnerte uns daran, dass hier in Norwegen zuerst Zerstörer gekämpft hatten, und wenn es sein muss, werden sie auch die Letzten sein.

Rolf Johannesson – später Konteradmiral – war nach dem Krieg einer der Gründungsväter der Bundesmarine und der erste Kommandeur der neuen Seestreitkräfte.

Abends fahren drei Offiziere und drei Kadetten hinaus in den Fjord. Ich steuere das V-Boot *(kleines Verkehrsboot).* Wir gehen an Land zur Entenjagd. Um Mitternacht sind wir mit 12 Enten zurück an Bord.

06.05.44: Unser Zerstörer legt von der „Tirpitz" ab und geht außerhalb des Netzkastens vor Anker. Ein Schlauchboot wird ausgesetzt und wir pönen *(anstreichen)* das Schiff 50 cm über der Wasserlinie schwarz an zur Tarnung.

09.05.44: Um 07.00 Uhr gibt es U-Boot-Alarm. Diesmal soll es nun ernst werden. „Z 29" wirft Wasserbomben. Statt Ölflecken kommen nur Fische an die Wasseroberfläche. Mittags gibt es daher anständige Fischportionen. Abends müssen 16 Kadetten den Kutter zu Wasser lassen und dann einige Stunden pullen *(rudern).*

11.05.44: Wir laufen in den Langfjord ein *(westlicher Arm des Altafjordes)* und machen dort fest. Der Unteroffizier vom Dienst pfeift: Klarmachen zum Skilaufen. Für die anderen werden im Achterdeck Filme gezeigt. Nachmittags müssen wir wieder Kutterpullen. Da es hier auch nachts taghell ist, werden wir Offiziersanwärter bis Mitternacht beschäftigt. Heute müssen wir die

Kutterläufer ölen und abschmieren. Manchmal haben wir nur vier Stunden Schlaf in unseren Hängematten, aber man gewöhnt sich an alles.

13.05.44, privates Tagebuch:
Heute ist „Polarfeuerabend". Es ist sehr eintönig im Deck. Die Lords (Matrosen) trinken und saufen so lange, bis sie sich in ihrem Element fühlen. Gegen Mitternacht kehrt langsam Ruhe ein. Um 24.00 Uhr ziehe ich auf Wache an Oberdeck. Es ist eine echte Strafe, in die Decks zu gehen und die Wachablösung zu wecken. Im Vorschiff entsteht eine Schlägerei. Es springen einige Lords in den eiskalten Fjord. Nach der Wachablösung gehe ich zurück ins Achterdeck. Hier sieht es fürchterlich aus. Decken, Kojenzeug, Pützen (Eimer), alles liegt im Deck herum. Ich lege mich in eine freie Hängematte und filze sofort ein (filzen= schlafen).

Abb. 20: Auf Kriegswache an Bord „Z 31"

14.05.44, privates Tagebuch:
Um 07.00 Uhr ist Wecken. Kein besoffener Lord regt sich, nur die Kadetten der Wachdivision zurren ihre Hängematten. Zum Kartoffelschälen kommt keiner – außer den Kadetten. Um 11.00 Uhr ist „klar Deck", aber es ist immer noch nicht alles sauber.

15.05.: Nach einer Schießübung laufen wir wieder im Langfjord ein. Nachts findet eine Musterung unserer persönlichen Ausrüstung statt. Diese dauert bis 02.00 Uhr. Anschließend werden noch die Backskisten kontrolliert.

16.05.44, privates Tagebuch:
Gestern bin ich beim Wache schieben im Steuerhaus eingefilzt. Der Obersteuermann bestellt mich deshalb zum Rapport bei LtzS Hummel. Der zeigt sich verständlich und sagt zu mir, dass er diese Sache noch einmal durchgehen lasse. Der Obersteuermann ist sauer, weil er einem Offiziersanwärter nichts unter die Wäsche schieben konnte.
Mittags fahren wir zum Gefechtsdienst in den Alta-Fjord hinaus, dann geht es wieder zurück zur „Tirpitz". Während der Rückfahrt gibt es für die Kadetten Bojenmanöver *(Mann über Bord zur Übung)*. Wir Kadetten müssen mit dem Kutter die Boje bergen, während der Zerstörer mit geringer Geschwindigkeit weiterfährt. Anschließend müssen wir hinter unserem Zerstörer herpullen.

18.05.: Nach einem schneidigen Reinschiff treten die Kadetten auf der Back zum Unterricht an: „Schiffskunde Z 31". Wir werden gründlich in alle technischen Einzelheiten unseres Zerstörers eingeweiht.

20.05.44, privates Tagebuch:
In den frühen Morgenstunden will man uns mal wieder schikanieren. In einer halben Stunde sollen wir alle Kleidungsstücke sauber vorzeigen, einschließlich Bordschuhe und Takelpäckchen *(weißer Arbeitsanzug)*. Zum Glück kommt eine Proviantübernahme dazwischen. Dabei fällt ein Kadett (Junghans) böse auf. Dieser wollte sich zwei Dosen Milch organisieren. Dabei kam noch zutage, dass er bereits 12 Päckchen Honig im Munitionsentnahmeraum versteckt hatte. Junghans wird mit sieben Tagen verschärftem Arrest betraft. Für ihn wird die Offizierslaufbahn wohl aus sein. LtzS Hummel hält uns eine große Moralpredigt. Alle sind tief erschüttert. Nun wird es für uns Kadetten wohl richtig rundgehen.

23.05.: Heute ist wieder „seeklar". Während die anderen im Deck sitzen, haben wir Kadetten einen lustigen Reigen aus Unterricht, Alarm, Ruderversager und Mann über Bord. Das Kutterpullen klappt allmählich ganz gut. Nachmittags werfen wir noch Wasserbomben. Wir setzen gleich danach den Kutter aus und gehen mit unseren Keschern auf Fischfang.

25.05.44, Brief an die Eltern:
Ihr Lieben daheim,
Bei unserer großen Proviantübernahme sah ich plötzlich Kisten mit Gulasch, Schinken und Bockwürsten von Dörfler aus Bünde *(Kreis Herford)*. Ihr könnt also sehen: Bis in die fernsten Zonen sendet man den deutschen Soldaten das Beste, was zur Verfügung steht. ...

28.05.44: Pfingstsonntag: Zum ersten Mal feiere ich dieses schöne Fest fern der Heimat. Nachmittags fahre ich mit dem V-Boot an Land. Nach einem kleinen Spaziergang treffe ich auf der „Tirpitz" ein und gehe zu einem Nachbarn aus meinem Heimatdorf *(Heinz Gerlach)*. Es ist doch etwas sehr Schönes, in der weiten Welt einen Bekannten zu haben, mit dem man über gemeinsame Interessen Gedanken austauschen kann. Leider verging die Zeit zu schnell, denn ich musste um 22.00 Uhr wieder an Bord sein. Zu Hause müsste Vater jetzt mit dem Kartoffel-Pflanzen beginnen.

Abb. 21: An Bord der „Tirpitz"

30.05.44: Nach langer Zeit habe ich wieder einen Karabiner in der Hand. Unsere Gruppe geht heute zum Schießen an Land. In einer Schießpause gehe ich zum Gefechtstross und erkundige mich, ob hier Westfalen sind. Ich habe Glück. Ein Bielefelder ist unter ihnen. Wir gehen zum Pferdestall und ich beschaue mir die schönen Tiere. Für mich ist dies ein besonders schönes Ereignis, da ich früher viel mit Pferden umgegangen bin.

Abb. 22:   Günter als Bub zu Pferde

31.05.44: Heute lauschen wir gespannt den Worten unseres Kadettenoffiziers. Er spricht über die Prüfung unserer Logbücher. Dies ist für uns ein sehr heiteres Kapitel. Aber die Art der Logbuchführung muss eine andere werden. Wir sollen eigene private Gedanken von nun ab ins Logbuch schreiben.
Und hier der Kommentar des Kadettenoffiziers in meinem Logbuch: „Sie schreiben zwar große Töne von besser werdender Logbuchführung, doch davon ist noch nicht allzu viel zu merken. Vielseitiger, schwungvoller müssen Sie berichten. Außerdem ist von eigenen Überlegungen nicht viel zu bemerken. Bilder und Zeichnungen fehlen ebenfalls in letzter Zeit.

Günter hat sein Logbuch mit einigen ungelenken Zeichnungen ausgeschmückt, aber Kunstwerke sind das leider nicht. Die Tradition des Logbuchführens wurde auch in der Bundesmarine fortgesetzt. Auf der „Gorch Fock" und während der Auslandsausbildungsreise musste der Autor als Offiziersanwärter in einer dicken Kladde Tagebuch führen. Die Vorgesetzten verzichteten allerdings auf eine Inhaltskontrolle.

04.06.44: Unser Schiffsarzt hält heute Unterricht ab über die Bekämpfung von Gasvergiftungen und stark blutenden Wunden. In kurzen aber verständlichen Worten teilt er uns die wichtigsten Maßnahmen mit. Heute habe ich wachfrei. Nachmittags fahre ich mit dem Schlauchboot an Land und hole im Auftrage des

I.O. (Erster Offizier) Zweige zum Ausschmücken der Offiziersmesse. Die Offiziere und Oberbootsmänner haben es sich auf der Schanz *(Achterdeck)* gemütlich gemacht. Ein Lautsprecher wird auf den Geschützturm D gestellt, es ertönt Unterhaltungsmusik. Somit haben alle an Oberdeck einen gemütlichen Sonntagnachmittag.

05.06.44: Beim heutigen Geschützexerzieren werden wieder sinnlos die Kräfte vergeudet. Wir wollen hoffen, dass im Ernstfall alle Geschütze auf einen hohen Salventakt kommen. Die Schiffsartillerie wird für die Gefechtsbesichtigung durch den Flottillenchef vorbereitet. Die Geschütze werden frisch gepönt, alle Lager und beweglichen Teile werden mit Fett oder Öl abgeschmiert. Anschließend macht der Korporalschaftsführer noch eine scharfe Spindmusterung.

Abb. 23: Geschützmannschaft Turm D auf „Z 31"

06.06.44: Während wir unser erstes Morgenfrühstück einnehmen kommt durch den Lautsprecher eine Sondermeldung: Anglo-Amerikaner und Briten sind in den frühen Morgenstunden in Nordfrankreich gelandet. Mit starken Schiffseinheiten und Landungsbooten versuchen sie an Land zu kommen. Auch wurden von ihnen Fallschirmtruppen eingesetzt. Jetzt heißt es: Bis zum letzten Soldaten ran an den Feind. Leider müssen wir hier oben bleiben. Man ist eben Soldat und muss dort seine Pflicht tun, wo man hingestellt wird.

Abb. 24: Beim Kuttersegeln

07.06.44: Nachmittags haben wir Freizeit-Segeln. Matrose Grischke und ich fahren mit dem Schlauchboot an Land zu einigen Kameraden vom Dänholm. Die sind sehr erstaunt, uns hier wiederzusehen. Abends kommt ein anständiger Sturm auf. Wir brauchen eine sehr lange Zeit, bis wir gegen den Wind die halbe Strecke zu „Z 31" zurückgelegt haben. Zum Glück kommt uns das V-Boot entgegen und nimmt uns ins Schlepptau. Die Kameraden teilen uns mit, dass unser Zerstörer in ein Netzbecken verholt werden soll. Nachdem uns zwei Schlepper in den Netzkasten geschleppt haben, legen wir mit dem Heck an der Boje an.

11.06.44: Wie jeden Sonntag müssen auch heute drei Offiziersanwärter in der Offiziersmesse essen. Dieses Mal muss ich dorthin. Nach einer langen Zeit sitze ich wieder an einem weiß gedeckten Tisch. Die Offiziere unterhalten sich über verschiedene Dinge. Der Oberassistenzarzt fragt mich plötzlich, ob ich die Herkunft meines Namens wüsste. Ich kann nur beschämt verneinen. Er versucht nun, mir dieses zu erklären. Er meint, der Name Potthast sei ein Gericht. *(Da hat er Recht, es ist der westfälische Pfeffer-Potthast. Der Wortstamm: Pott = Topf, hasten oder harsten = braten, rösten).*

12.06.44: Heute üben wir V-Boot-Fahren mit unserem Ausbilder, LtzS Hummel. Wir bringen unseren Oberassistenzarzt zu „Z 33" und setzen ihn dort ab. Nachdem einige Kameraden ihre Anlegemanöver gefahren haben, komme ich an die Reihe. Meine ersten beiden Manöver versaue ich durch zu starkes Ruderlegen des Steuerrades. Danach fahren wir Bojenmanöver *(Längsseitsgehen an einer Boje)*, das gelingt allen tadellos.

16.06.44: Gestern hatten wir große Gefechtsbesichtigung durch den Flottillenchef. Heute haben wir unser Geschütz zerlegt und gereinigt. Ein Tanker kommt zur Brennstoffübernahme längsseits. Anschließend verlegen wir wieder auf den alten Liegeplatz. Unser alter I.O., Kptlt Densch, verabschiedet sich heute von uns. Er wird nach Griechenland versetzt. Um 22.30 Uhr steht die gesamte Besatzung an Oberdeck, von achtern bis vorne an der Reling in einer langen Reihe angetreten. Wir verabschieden den alten I.O. mit einem kräftigen „Hip, Hip, Hurra". Mit dem Scheinwerfer signalisieren wir „Auf Wiedersehen." Durch das Doppelglas können wir beobachten, wie er mit seiner Mütze klar zeigt.

17.06.44: Nach der Musterung durch den Divisionsleutnant ist um 13.00 Uhr Musterung durch unseren neuen Ersten Offizier. Er will unser Boot in kürzester Zeit auf einen kampftechnischen Höhepunkt bringen. Er legt großen Wert auf Ausbildung und Benehmen der Besatzung, andernfalls will er das Nötige veranlassen. Er hofft, eine gute Zusammenarbeit von Seiten der Besatzung zu bekommen. Um 14.00 Uhr gehen 22 Mann mit Obermaat Wiesheu von Bord zum Handballspielen.

Und jetzt hat unser Kadettenoffizier Hummel wieder zugeschlagen. Er schreibt in mein Logbuch: „Die Art Ihrer Logbuchführung ist jetzt einigermaßen in Ordnung. Trotzdem ist die Rechtschreibung unmöglich! Hu. 21.6."

20.06.44: Der Führer der Zerstörerflottille, Konteradmiral Kreisch, besichtigt heute unseren Zerstörer. Die gesamte Besatzung ist in erster Garnitur auf der Schanz angetreten. Um 09.30 Uhr kommt er an Bord. Er schreitet die Front ab und lässt sich von jedem den Namen und das Geburtsjahr sagen. In seinen Ausführungen sprach er von den Kämpfen im Kanal und an der Invasionsfront. Auch sagte er, dass unser Warten hier im Nordraum nicht umsonst sei. Hoffen wir, dass der Einsatz nicht lange auf sich warten lässt. Nachmittags machen wir an Land Sport für das Reichssportabzeichen.

21.06.44: Bei der heutigen Musterung durch unseren Kadettenoffizier teilte dieser uns mit, dass wir während des Unterrichts bei ihm und den Korporalschaftsführern unsere „erste Geige weiß" tragen müssen. Diese soll uns als Offiziersanwärter von den übrigen Besatzungsmitgliedern unterscheiden. Außerdem sollen wir uns an eine gründliche und pünktliche

Zeugwirtschaft halten, auch wenn wir unsere Freizeit dafür opfern müssen. Also: unsere Klamotten müssen immer pico bello sein.

22.06.44: Am gestrigen Tag mussten vier Offiziersanwärter in die Messe. Dort fand ein großes Kriegsspiel statt. Alle Offiziere, Funkmaate, Signalmaate, Steuermannsmaate und Fähnriche waren in der Messe. Um 14.00 Uhr begann das Kriegsspiel. Nun wurden zwei Parteien eingeteilt. Die Aufgabe der roten Partei war, dass diese einen Tanker durch die Sperre in einen Nachschubhafen bringen sollte. Hierbei wurde der Tanker von fünf feindlichen Zerstörern angegriffen. Das Flottillenboot war durch mehrere Treffer ausgefallen. Zum Schluss wurden dann die Uhrzeiten verglichen und es fand eine kurze Manöverkritik statt.

24.06.44: Im Achterdeck wird eine große Kapelle zusammengestellt. Schifferklavier, Geige, Trommel, Schlagzeug und Saxophon sind aufgeboten. Von morgens bis abends wird eifrig geübt. Wofür? Morgen feiert die II. Divison ihr gemütliches Divisionsfest. Hierzu soll nun die eigene Kapelle spielen. Dieselbe Feier hatte die I. Division in der letzten Woche. Der Stabsoberstückmeister *(Bootsmann, verantwortlich für die Ausbildung der Artilleristen an Bord)* hat dort von seinen Hilfskreuzerfahrten erzählt. Leider durften wir Kadetten daran nicht teilnehmen. Es hätte uns aber bestimmt große Freude bereitet, einmal von erfahrenen Seeleuten über ihre Unternehmen etwas zu hören. Dies sollte aber nicht sein. Wir hatten zur gleichen Zeit Unterricht in Seemannschaft und Signaldienst. Dies ist für uns wichtiger, weil wir in kürzester Zeit Vorbilder bzw. Ausbilder sein sollen.

25.06.44: Die II. Division feiert heute im Achterdeck ihren kleinen bunten Abend. Der Kommandant und der I.O. sind eingeladen. Zu Beginn spielt die Divisionskapelle den Einzugsmarsch. Dann werden einige Lieder gesungen und der Kommandant hält eine kleine Ansprache. Nach seinen Ausführungen verlässt er das Achterdeck. Der I.O. bleibt bei der Division und bringt durch seine kleinen Solos die Besatzung in eine heitere Stimmung. Auch ohne Alkohol kommt eine gute Stimmung auf. Um 24.00 Uhr ist das Fest beendet und wir können in die Koje gehen.

26.06.44: Heute steht Verbandsfahren auf dem Programm. Die fünf Zerstörer der Flottille fahren in allen Formationen in den Fjorden umher. Nach einer Wendung nach Steuerbord werden wir von „Z 34" fast gerammt. Unser Zerstörer ist nach Steuerbord ausgewichen und „Z 34" nach Backbord. Durch schnelles Reagieren von „Z 34" konnte eine Ramming *(Kollision)* verhindert werden. Zum Schluss mussten alle Kommandanten zur Besprechung zum

Flottillenchef. Die Kuttermannschaften mussten die Kommandanten zum Flaggschiff pullen. Während der ganzen Fahrt durch die Fjorde wurden von der Artillerie Richtübungen durchgeführt.

6. Die Kampfgruppe „Tirpitz"

29.06.44: Heute ist um 09.00 Uhr seeklar – auch für die „Tirpitz". Die *(seit September des Vorjahres andauernden)* Reparaturarbeiten sind beendet. Wir fahren mit der „Tirpitz" und zwei weiteren Zerstörern zum Entfernungsmessen und zu Richtübungen der Artillerie in einen Nachbarfjord. Abends patrouillieren wir vor der Netzsperre. Plötzlich kommt Alarm: „Schotten dicht!" *(Die einzelnen Abteilungen des Schiffes werden vertikal geschlossen, um einen Wassereinbruch auf die jeweiligen betroffenen Sektionen zu begrenzen).* Aber ebenso schnell kommt Entwarnung.

30.06.44: Unsere schon lang vorbereitete Seefahrt wird heute verwirklicht. Wir fahren mit der Flottille hinaus auf die offene See. Wieder Schieß- und Richtübungen. Am ersten Tag passieren wir das Nordkap. Kurz danach haben wir das Festland aus den Augen verloren. Der Obersteuermann hat seine letzte Peilung gemacht. Nun sehen wir nur noch Wasser, Himmel, Wasser. Das endlose Meer tut sich vor uns auf. Alle haben den Wunsch, bei dieser Übung in Feindberührung zu kommen. Als die Gefechtsköpfe auf die Torpedos geschraubt werden, glauben alle an einen Einsatz.
Bei etwas stärkerem Seegang stehen sehr viele Kameraden an der Reling und geben die mittags gestauten *(stauen = essen)* Nudeln an Neptun weiter.

An diesem Tag begann der zweitägige Vorstoß der 4. Zerstörerflottille unter KptzS Rolf Johannesson mit den Schiffen „Z 29, 31, 33, 34 und 38" zur

Bäreninsel, auf halbem Wege zwischen dem Nordkap und Spitzbergen. Die
Zerstörer bildeten einen Suchstreifen, um feindliche Schiffe aufzuspüren. Sie
hatten aber keine Feindberührung.

Abb. 25: Drei Zerstörer auf See

03.07.44: Kadettenprüfung. Wir bereiten uns auf die Besichtigung vor. Tampen
(Leinen), Spillspaken *(Holzbalken zur manuellen Bedienung von Winden)*, Anker,
Stelling und die große Manilaleine wurden auf der Back *(Vorschiff)* klargelegt.
Um 13.30 Uhr stehen 20 + 4 Offiziersanwärter auf der Back klar zur Meldung an
den Kommandanten. Die 5. Korporalschaft besichtigt der Kommandant, die 6.
wird durch den I.O. besichtigt. Die vier Ingenieur-Kadetten werden durch den
L.I. *(Leitenden Ingenieur)* und die schiffstechnischen Offiziere geprüft. Nach den
seemännischen Arbeiten geht es ins Achterdeck zum Unterricht. In der
Navigation werden noch sehr große Lücken und Fehler festgestellt. Zum
Abschluss der Besichtigung wurden von zwei Mann mit der dicken Manilaleine
ein Hohenzollernknoten und ein Pfeifenbändsel gemacht. Dies ist wohl das
erste Mal gewesen, dass mit so einer dicken Leine Zierknoten gemacht worden
sind. Anschließend traten alle auf dem Achterdeck zur Ernennung zum
Seekadetten an. Leider wurden zwei Kameraden von uns nicht befördert. Diese
hatten vorher einige Tage Arrest vom I.O. bekommen. Abends wurde uns die
Offiziersmesse zum Feiern zur Verfügung gestellt. Die Ingenieur-Kadetten
feierten auf der L.I.-Kammer. Ich hatte das Glück, als Stewart tätig zu sein.
Dadurch war ich am Schluss einer der Nüchternsten.

04.07.44: Heute fahren wir zur Begleitung der „Tirpitz" hinaus. Unsere Aufgabe ist es, das Schussfeld für die Schießübung der schweren Artillerie der „Tirpitz" abzusperren. Um 14.00 Uhr beginnt das Schießen. Zum ersten Mal sehe ich die „Tirpitz" mit der schweren Artillerie feuern. Das Ziel bildet eine Scheibe, die von einem Schlepper gezogen wird. Die Scheibe wird von den Salven gut eingedeckt. Wir drehen unser Geschütz in Schussrichtung der „Tirpitz" und können dadurch die Einschläge gut beobachten. Kurz vor dem Einlaufen treten die Kadetten vor der Offiziersmesse zum Reinschiff an. In Kürze war diese von den Strapazen des Vortages wieder tadellos gereinigt.

05.07.44: Eine interessante Abwechslung brachte uns der heutige Tag. Die I. Division trat zur Schnitzeljagd raus. Um 09.00 Uhr fuhren wir mit voll belegtem Kutter und V-Boot an Land. Die 5. Korporalschaft musste unter Führung von Obermaat Falk die Schnitzel streuen. Durch viele Irrwege versuchen wir, die anderen abzulenken. Aber LtzS Hummel mit seinen beiden Männern lässt sich durch nichts aus der Ruhe bringen. Er hatte uns von der Straße aus gesehen. Nun verfolgte er uns im Laufschritt bis zum Bergsee. Dort fand der uns dann bei der Vorbereitung des Lagerfeuers. Leider hatte diese Schnitzeljagd nur eine begrenzte Wirkung, weil viele Seeleute nicht mit ihrem ganzen Interesse dabei waren. Sie legten sich vor einer kleinen Insel an Deck *(ins Gras)* und filzten. Später gab es noch eine große Zeugmusterung auf der Back.

Abb. 26: Beim Kuttersegeln

07.07.44: Das Geschützexerzieren gestern war eine Pleite. Heute veranstaltete die II. Division einen Divisionsabend unter dem Motto „Olympiade". Der Abend wurde durch einen Fackellauf an Oberdeck eingeleitet. Zu beiden Seiten des Niedergangs *(Schiffstreppe)* brannte ein olympisches Feuer. Dann ging es zum gemütlichen Teil über mit Punsch und Verlosung.

Und hier ist der Kommentar des I.O. zu meinem Logbuch:
„Auch bei einer nur flüchtigen Durchsicht kann ich leicht feststellen:
1. Große Flüchtigkeit, häufiges Auslassen von Buchstaben und Wörtern.
2. Mangelhafte Rechtschreibung.
3. Fehlerhafte Zeichensetzung.
4. Nach stilistisch wie inhaltlich recht dürftigem Anfang später gewisse Fortschritte."

09.07.44: Heute ist Sonntag. Die II. Division trinkt mit dem I.O. und den anderen Offizieren einen guten gesüßten Bohnenkaffee. Nachdem die Tafel vom I.O. aufgehoben wird, breiten wir auf unserer Back *(Tisch)* ein schneeweißes Handtuch aus. Nun werden die Karten zu einem gemütlichen Skat am Sonntagnachmittag hervorgeholt.

10.07.44: Fliegeralarm! 30 Flugzeuge nördlich von Hammerfest gemeldet. Sie fliegen aber weiter nach Russland.

11.07.44: Auf meinem Wachplan steht heute: „V-Boots-Gast" *(Dienst auf dem V-Boot)*. Da unser V-Boot am Vortage auf Dreck gefahren wurde und dadurch ausgefallen ist, bekamen wir von „Z 33" ein Arbeitsboot. Auf dem Wege zur „Tirpitz" lief „Tante Ida" noch ganz gut. Aber am Abend, als wir unseren Schiffsarzt zu „Z 33" bringen, setzt der Motor auf einmal aus. Nun ist guter Rat teuer. Der Schiffsarzt befiehlt, dass ich „Z 33" anrufen soll. Ich winke unser Rottenboot an: „Bitte um Boot, da Motor ausgefallen." Endlich kommt von drüben das Dinghi mit einem Reparaturkasten. Nachdem die Hauptstörung beseitigt ist, bricht uns eine Zuleitung zum Vergaser. Nach langem Überlegen gelingt es dem Heizer, die Stelle abzudichten. Sein Finger dient als Abdichtungsmittel. Nun nehmen wir Kurs auf „Z 33". Das Anlegemanöver gelingt nur mit großer Mühe. Sofort nach dem Festmachen beginnen wir, die Störung zu beseitigen. Nach einer Stunde ist das Boot wieder klar.

12.07.44: Unser Kommandant, KKpt Paul, will sich von dem Ausbildungsstand seiner Besatzung überzeugen. An allen Stationen hält er sich eine kurze Zeit auf. Wir vom Geschütz D müssen den Verschluss klar zum Unterricht ausbauen.

Nach einigen Fragen durch den Kommandanten werden drei Mann eingeteilt, die den Verschluss wieder einbauen müssen. Es klappt alles ganz gut, die Zeit ist aber schon einmal besser gewesen.

Plötzlich und unerwartet kommt ein Kutter herangepullt. Er hat die Kriegsflagge gesetzt. Der Flottillenchef lässt sich von den Kadetten von „Z 33" zu uns rudern. Unser Kadettenoffizier, LtzS Hummel, befiehlt: „Antreten in Anzug weiß!" Dies trifft die Kadetten wie ein Schlag. Alles stürzt sich in die Decks, um sich die „erste Geige weiß" anzuziehen. Kaum sind die letzten Kadetten an Deck, heißt es schon: „Warum sind die Unterrichtssachen noch nicht auf der Schanz?" Alles geht Hals über Kopf, im Deck entsteht eine große Wuhling. Endlich sind alle auf der Schanz. „Zur Meldung Augen rechts!" Der Kadettenoffizier meldet dem Flottillenchef die Kadetten angetreten zur Musterung. Zum Glück läuft alles klar. Abschließend richtet der Chef noch einige Worte an uns.

15.07.44, Brief an die Eltern:
Gestern haben wir ein Flak-Schießen durchgeführt. Dabei entstand ein kleiner Waldbrand. „Klar zum Löschen!" Die ganzen Artilleristen fuhren in voll besetzten Booten an Land. In kürzester Zeit war das Feuer gelöscht. ...

16.07.44: Sonntag. Ein Tag, wie man ihn in seinem Urlaub zu Hause gerne hätte. Sonnenschein, Wasser und segeln. Dieses ist für die gesamte Besatzung ein Tag der Entspannung. Es ist bisher der schönste Tag an Bord gewesen.

17.07.44, privates Tagebuch:
Angriff von Trägerflugzeugen auf unseren Stützpunkt. „Z 33" hat einige Ausfälle. „Z 31" unbeschädigt." „Tirpitz" ohne Treffer, Vernebelung war wieder erfolgreich. Unsere achtere Vierlings-Flak schießt einen Flieger ab.

19.07.44: Vom Divisionsoffizier werden vier Mann abgeteilt, die mit zur Beisetzung unseres Crewkameraden gehen sollen. Herbert Höfler, mein bester Kamerad aus der Rekrutenkompanie, fiel bei dem Bombenangriff auf „Z 33". Er wird wohl der erste Kriegstote unserer Crew sein.

Günter konnte seinem besten Kameraden nicht die letzte Ehre erweisen, am 18.07. zog er sich einen Bluterguss am rechten Knie zu und lag krank auf Koje.

Unser I.O. macht am Nachmittag eine Musterung auf der Schanz. Hierbei weist er auf die Ereignisse der letzten Tage hin. Er spricht von dem Glück, das unser Boot in der Nacht von Sonntag auf Montag bei dem Fliegerangriff gehabt hat.

21.07.44: In der Nacht zum Samstag erfahren wir durch die Nachrichten, dass eine feige, hinterlistige Klicke einen Mordanschlag auf unseren Führer ausgeübt hat. Durch einen ehemaligen Offizier, Graf von Stauffenberg, wurde eine Bombe mit leicht empfindlichem Sprengstoff in den Arbeitsraum gelegt. Wie durch eine Vorsehung kam unser Führer mit leichten Prellungen davon. Um 01.00 Uhr spricht unser Führer dann zum deutschen Volk. In knapp sechs Stunden war die ganze Verräterbande unschädlich gemacht.

22.07.44, Brief an die Eltern *(zum gleichen Thema):*
... Mit diesen Herren muss ein kurzer Prozess gemacht werden.

23.07.44: Sonntag. Der Geburtstag zweier Deckskameraden wird heute gefeiert. In gemütlicher Stimmung sitzen unser Kadettenoffizier, die beiden Korporalschaftsführer und die Kameraden im Deck. Unser Kadettenoffizier erzählt von seiner Kadetten- und Fähnrichszeit. Einige Kameraden erzählen von ihren Erlebnissen auf Fahrten, von Seesportschulen und den Flakeinheiten, in denen sie schon als Führer gekämpft haben. Anschließend macht Obermaat Falk mit unserer Korporalschaft noch einen Ausflug in die schöne Landschaft Norwegens.

24.07.44: Nach einer langen Liegezeit ist endlich wieder einmal „seeklar". Unsere Kampfgruppe läuft zu einer Fahrübung aus, die mit dem Torpedoschießen der „Tirpitz" verbunden ist. Um 09.30 Uhr gehen wir Anker auf und verlassen das Netzbecken. Während einige Boote die verschossenen Aale *(Torpedos)* der „Tirpitz" wieder einfangen, macht unsere Batterie Einzelausbildung und Feuerleitübungen. Während des Einlaufens in den Alta-Fjord fängt es in Strömen an zu regnen. Wir machen wieder an der Boje fest.

26.07.44: Die Kadetten treten zum Exerzieren auf der Back an.

Abb. 27: Zerstörer mit Höchstfahrt

27.07.44: Heute ist wieder „seeklar". Unsere Flottille fährt mit der „Tirpitz" ins Manöver. Ich bin als „Läufer Brücke" eingesetzt. Dann bekomme ich vom Wachoffizier den Auftrag, den Standort unseres Bootes festzustellen und ab jetzt laufend mitzukoppeln *(Kurs des Schiffes auf der Seekarte eintragen)*. Das bereitet mir zunächst einige Schwierigkeiten, weil es eine ungewohnte Arbeit ist. Zum Schluss komme ich schon einigermaßen klar.

30.07.44: Brief an die Eltern:
Leider habe ich nicht das Glück, das Karl Heinz in seiner bisherigen Bordzeit begleitet hat. Er fährt nun laufend seine Einsätze und ich liege hier im Fjord und verbringe den Tag mit Gefechtsdienst und Rollendienst. Ich hoffe, dass unser Einsatz nicht allzu lange auf sich warten lässt und wir dann nach bestandener Bewährung siegreich und mit ruhigem Gewissen in die Heimat zurückkehren.

31.07.44: Während des Vortages wurde schon groß palavert, dass wir zu einer Geleitzugschlacht auslaufen. Aber als wir heute die freie See erreichen, stellen wir mit größtem Erstaunen fest, dass von den bisherigen Meldungen über die feindlichen Kräfte nichts gestimmt hat. Zum ersten Mal ist unser stolzes Schlachtschiff wieder auf freier See. Treibminen sind die mageren Ziele, die uns bleiben. Sie werden mit Bordwaffen abgeschossen.

01.08.44: Zweiter Seetag. Die Seefahrt bei Seegang 0-1 ist gut auszuhalten. In der letzten Nacht wurde von der „Tirpitz" plötzlich Alarm gegeben. Die Zerstörer gehen auf Höchstfahrt und umschwärmen das Schlachtschiff wie die Bienen ihren Korb. Alle Zerstörer laufen mit „äußerster Kraft voraus". Wenn man so ein feuerbereites Schlachtschiff sieht, fragt man sich nur nach dem Grund, warum diese Schiffe nicht im Einsatz stehen. Eines wünsche ich mir als Kadett: Eine gute, astreine Seefahrt, aus welcher wir siegreich hervorgehen. Während die Sonne glänzend die Erde verlässt, laufen wir in den Alta-Fjord ein und legen uns dort auf den alten Liegeplatz. In der späten Nacht werden die Schlauchboote ausgesetzt. Heute muss die Wasserlinie noch gepönt werden.

02.08.44: Ein großer Teil der Wache hat während des Kriegsmarsches *(Alarmzustand, die Besatzung ist auf Gefechtsstation)* gefilzt. Deshalb kündigte der I.O. „Kriegsmarsch zur Übung" an. Um 18.00 tritt die Backbordwache auf Station an.

03.08.44: Im Unterricht nehmen wir nun alle Gebiete durch, die wir auf der Marineschule benötigen. Navigationsaufgaben sind an der Tagesordnung. Beim heutigen Unterricht erhalten zwei Kadetten den Auftrag, eine Flottille zu führen. Die ganze Befehlsübermittlung geschieht nur durch Signalbuchgruppen *(verschlüsselte Kommandos)*.

06.08.44: Der Sonntag versetzt mich in Gedanken an die Kanalküste, wo hunderte von Seeleuten, Offizieren und Mannschaften stehen, und mit entschlossenen Gesichtszügen dem Feind ins Auge schauen. Von meinem Bruder habe ich nun schon längere Zeit keine Post mehr bekommen. Da er bei den Einmann-Torpedos dient, glaube ich, dass er von seinem letzten Einsatz nicht zurückgekommen ist. Aber immer Kopf hoch, dann wird schon alles klappen. Die Ausbildung steigert sich: Die Navigation und das Signalisieren müssen uns in Fleisch und Blut übergehen.

08.08.44: Heute müssen die Kadetten wieder eine Nachtschicht machen. Der Kutter soll gründlich überholt werden. Um 19.00 Uhr treten wir am Fallreep an.

11.08.44: Bei schlechtestem Wetter haben wir heute „seeklar". Alles denkt an „Schießen mit verlegtem Treffpunkt", welches nur bei schlechtem Wetter durchgeführt wird. Umso erstaunter sind wir, als die Übung mittags wegen der schlechten Wetterlage abgebrochen wird. Dies war einer meiner kürzesten Seetage.

13.08.44: Nachdem unser Flottillenchef Johannesson die Logbücher gesehen hat, befiehlt er, dass diese nur noch wochenweise geschrieben werden. Nun kann man sich ein Ereignis der Woche als Thema herausnehmen.

Das Hauptereignis dieser Woche war die Musterung auf der „Tirpitz". Unser Oberbefehlshaber des Marinegruppenkommandos Nord, Admiral Otto Ciliax, will zum ersten Mal zu einer Kampfgruppe sprechen. Der Alta-Fjord ist heute zu einem großen Flottenstützpunkt geworden. Die 4. Zerstörerflottille, eine Minensuch-Flottille und andere Einheiten sind eingelaufen. Um 09.00 Uhr geht unser Schlepper an „Z 38" längsseits, und nimmt die Besatzung mit. An der Tirpitz angelangt, überrascht uns ein Fliegeralarm, der aber nur wenige Minuten anhält.

Sämtliche Einheiten treten auf der Back des Schlachtschiffes an. Nachdem der Flottillenchef die Besatzungen gemeldet hat, schreitet der Befehlshaber die Front ab. Danach treten alle auf der Schanz an. In seinen Ausführungen teilt Admiral Ciliax uns mit, dass er allen Besatzungen einen baldigen Einsatz wünscht. Aber selbst wenn wir nur im Fjord liegen, so erfüllen wir doch eine große Aufgabe. Denn unsere Gegner versuchen mit allen Kräften, uns hier im Norden auszuschalten. Mit Kleinst-U-Booten und Trägerflugzeugen hat man uns hier schon angegriffen. Aber durch rechtzeitige Aufklärung unserer Vorposteneinheiten ist es ihnen nicht gelungen, uns empfindlich zu treffen. Bei seinen bisherigen Angriffen wurden dem Gegner immer größte Verluste zugefügt. Mit den Gedanken an den Führer beschloss der Herr Admiral seine Ansprache.

Ciliax wurde kurz vor Kriegsende wegen Differenzen mit Dönitz von dem Großadmiral seines Amtes enthoben.

16.08.44: Brief an die Eltern:
Nun schrieb mir Vater von der Roggenernte. In diesen Tagen wird es für euch bedeutend schwieriger sein. Ich hoffe jedoch, dass sich hilfsbereite Hände finden werden, um mit euch die Ernte unter Dach und Fach zu bringen. Im nächsten Jahr zur Ernte ist bestimmt wieder einer von uns beiden Marinern zu Hause. Nun habt ihr schon seit dem 5. Juli keine Nachricht mehr von Karl Heinz bekommen. Wir wollen nicht gleich das Schlimmste annehmen. Bisher ist ihm

das Glück noch immer hold geblieben, dann wird er auch aus diesem Einsatz gesund und frisch gestärkt zurückkommen. ...

17.-19.08.44: Ausfahrt mit der „Tirpitz" ins Nordmeer.

Abb. 28: „Z 31" nahe am Nordkap

20.08.44: Der heutige Sonntag bringt für mich keine gute Nachricht. Meine Vermutungen haben sich bestätigt: Mein Bruder Karl Heinz ist mit seinem Einmann-U-Boot nicht von seinem Einsatz an der Invasionsfront zurückgekehrt. Am 8. Juli traf ihn das Unglück. Was ich durch ihn verloren habe, merke ich nun erst.

21.08.44: In dieser Woche haben uns feindliche Flugzeuge einige Male aus dem Deck geholt. Am 24.08. versuchten sie wieder, die „Tirpitz" anzugreifen. Die Flieger wurden aber rechtzeitig entdeckt und gemeldet. Auch bei diesem Angriff konnte der Gegner keinen Treffer erzielen. Unsere Vernebelung hatte wieder gewirkt.

28.08.44, Brief an die Eltern:
Meine lieben Eltern und Geschwister,

wir durchpflügen wieder mit unserem Kiel das Nordmeer und fahren eine kleine Übung. Was macht die Ernte bei euch in Gohfeld? Ich hoffe, dass der größte Teil schon unter Dach und Fach verstaut ist. Habt ihr in diesem Jahr den Roggen und Hafer gleich ausgedroschen oder ihn so auf dem Boden gelagert?

27.08.- 03.09.44: Während einer Übung haben wir im Leirbotn geankert *(ein nördlicher Nebenarm des Alta-Fjordes).* Durch einen überraschenden Tiefangriff britischer Trägerflugzeuge erhielt unser Boot mehrere Treffer durch deren Bordwaffen. Nach schweren Verwundungen erlagen drei Matrosen im Lazarett. Ich habe es mir nie vorstellen können, dass ein Angriff mit Verlusten so eine moralische Wirkung auf die Besatzung haben könnte. Auch einen meiner besten Kameraden hat es getroffen. Seekadett Kunath liegt mit anderen Kameraden, unserem Kadettenoffizier, LtzS Hummel, und dem Artillerieoffizier im Lazarett.

„Z 31" hatte rund 200 Einschüsse der britischen Flieger zu verzeichnen, die Bordflak konnte ein gegnerisches Flugzeug abschießen.

Wir machen eine Nachtfahrübung und gehen zurück auf unseren alten Liegeplatz bei der „Tirpitz".

Nach dem Ausfall des Kadettenoffiziers hat unser I.O. dessen Aufgaben zusätzlich übernommen. Er gibt sofort ein Befehlsbuch heraus, in dem wir durch Unterschrift bekunden müssen, dass wir von diesen Befehlen Kenntnis erlangt haben.

In diesen Tagen stehen wir an der Schwelle des 6. Kriegsjahres. An allen Fronten gehen wir augenblicklich zurück. Die Lage ist im Moment nicht günstig, aber wiederum nicht hoffnungslos. Doch der Reichsminister sagte, es sollen ja in Kürze neue und schlagkräftige Waffen zum Einsatz kommen. „Jede Situation ist zu ertragen, auf die wir handelnd reagieren können."

01.09.44, Brief an die Eltern:
Unsere Soldaten stehen an allen Fronten tief in Feindesland. Wenn es auch zu einigen Absetzbewegungen gekommen ist, so dürfen wir nicht den Kopf hängen lassen. Wir wollen unserem Führer dieses überlassen *(sic!).*

04.-10.09.44: Nachdem der I.O. einen Besuch im Lazarett gemacht hat, gehen nun täglich zwei Mann dorthin. Als erste besuchten Seekadett Heuenfeld und ich Kunath im Lazarett. Der Weg dorthin beträgt 15 Km. Vom Versorgungs-offizier holten wir eine Flasche Wein und Süßigkeiten. Um 14.00 Uhr gingen wir von Bord. Auf dem Hinweg hatten wir Glück. Ein Lastwagen nahm uns mit direkt bis zum Lazarett. Unser Kamerad Kunath sieht noch ziemlich angegriffen aus. Da es noch nicht feststeht, ob er sein Bein behalten kann, macht er sich große Sorgen. Auf seinem Zimmer liegen noch einige Kameraden von der „Tirpitz" und „Z 38". Unseren Kadettenoffizier, LtzS Hummel, konnten wir leider nicht sprechen, da man ihn auf einer Bahre ins Kino getragen hatte. Unser Artillerieoffizier, OLtzS Rodenberg, liegt auf einem Lazarettschiff, da er ziemlich schwer verletzt ist.

10.09.44, Brief an die Eltern:
Gestern haben Heinz Gerlach und ich einen Ausflug in die Wälder des hohen Nordens gemacht. Es ist nun die Zeit der Blaubeeren. Dies ist das einzige Frischobst, das wir hier bekommen. Ansonsten erhalten wir fast jeden zweiten Tag Obst in Dosen. Heute machte unser I.O. bei uns Kadetten plötzlich eine Spindmusterung, wobei sich einige Gammelpäckchen *(unordentliche Soldaten)* besonders hervorgetan haben. Anschließend wurden wir von unseren Korporälen in die Berge gejagt. Zum Abschluss wurde am Abend noch einmal unser Zeug gemustert

15.09.44, privates Tagebuch:
Schwerer Angriff von viermotorigen Bombern auf den Kaa-Fjord.

28 Britische Lancaster-Bomber starteten von dem russischen Flugplatz Jagodnik nahe Murmansk zu einem Angriff auf die „Tirpitz" mit überschweren Bomben des Typs „Tallboy". Heftiges Flakfeuer und vor allen Dingen die künstliche Vernebelung verhinderten Volltreffer auf der „Tirpitz". Lediglich eine dieser gewaltigen Bomben durchschlug das Vorschiff 10 Meter hinter dem Bug und explodierte. Der Schaden war so groß, dass das Schiff nicht mehr seetüchtig war.

17.09.44, privates Tagebuch:
Drei Mann gingen unerlaubt an Land. Der I.O. erklärt uns Kadetten den Kriegszustand.

17.09.44, Brief an die Eltern:
Bei der letzten Seefahrt konnten wir zum ersten Male das Nordlicht in seinem Anfangsstadium sehen. Ihr glaubt kaum was das für eine Lichtquelle ist! In

Sekundenschnelle zieht dieses Licht von Ost nach West oder umgekehrt und erscheint dabei in allen Farben. ... Auf ein baldiges Wiedersehen in der Heimat!

18.-25.09.44: Die Kapitulation der Finnen macht es erforderlich, dass alle Truppen bis zum 15. September Finnland verlassen haben müssen. Unsere Kadettenausbildung nähert sich dem Höhepunkt.

Beim Korporalschaftsunterricht auf der Back erscheint plötzlich der I.O. In seinen Gesichtszügen kann man erkennen, dass er etwas Besonderes mit uns vorhat. Ich muss zum Oberbootsmann und ihm melden, dass wir den Steuerbordanker wegfieren und zur Übung wieder aufholen. Wir fieren 75 Meter Kette weg. Dann kommen die 18 stärksten Kadetten an die Spillspaken. Der Anfang geht ziemlich leicht. Solange der Anker nicht an Bord gehievt werden muss, geht alles reibungslos vonstatten. Dann ist es plötzlich aus. Nach langem hin und her fieren wir noch einmal den Anker auf 75 Meter weg, um den toten Punkt mit Schwung zu überwinden. Auch dieses Mal gelingt es uns nicht. Ein Fliegeralarm erlöst uns.

In dieser Woche läuft die Flottille zu einer Nachtübung mit Nachtschießen aus.

Abb. 29: Zerstörer im Nordmeer

25.09.-1.10.44: Für diese Woche sind als Abschluss die beiden Signalprüfungen geblieben: Morsen und Winkern. Bei schneidendem Wind stehen die Kadetten auf der Brücke und dem 3,7 cm-Flak-Stand. Durch einen Brief meiner Eltern erfahre ich, dass mein Bruder im Kanal in englische Gefangenschaft gekommen ist.

Die Beurteilungen der Kadettenprüfungen werden bekanntgegeben. Im Allgemeinen bin ich sehr zufrieden.

1.- 9.10.44: In dieser Woche verlegen wir unseren Stützpunkt in Richtung Süden nach Tromsö. Ein großer englischer Verband steht vor der Küste. Wir rechnen hier mit einer Landung der Engländer.

Die am Bug stark beschädigte „Tirpitz" konnte mit eigener Kraft, aber geringer Fahrtstufe ebenfalls mit nach Tromsö fahren. Dort wurde sie als schwimmende Geschützbatterie stationiert gegen eine vermutete britische Invasion. Seit der Beschädigung im September 1943 hatte die „Tirpitz" auf See keine Feindberührung mehr.

Nach dem Untergang der „Bismarck" im Mai 1941 war es die Aufgabe der „Tirpitz," in Nord-Norwegen die Geleitzüge der Alliierten nach Murmansk anzugreifen und eine Landung der Alliierten in Norwegen zu verhindern. Außer zwei erfolglosen Vorstößen auf Geleitzüge im März und Juli 1942 hatte die „Tirpitz" keine Feindberührung. Churchill versuchte seit 1942 mit allen Mitteln, „the Beast" – wie er die „Tirpitz" nannte – auszuschalten. Darüber hinaus wollte er verhindern, dass die „Tirpitz" bei der langfristig geplanten Landung der Alliierten auf dem westeuropäischen Festland eingreifen könnte. An ihrem neuen Standort war die „Tirpitz" nicht mehr geschützt durch steil aufragende Felswände wie im Alta-Fjord. Diese Situation nutzte der Gegner. Ein Angriff britischer Lancaster-Bomber am 12.11.44 unter idealen Bedingungen – klare Sicht, keine Nebelmaschinen, keine Abwehr durch Flieger - besiegelte das Schicksal der Tirpitz. Zwei „Tallboy"-Bomben verursachten eine schwere Explosion auf dem Schlachtschiff, das daraufhin in Schräglage geriet und kenterte. Dabei starben 1.200 Seeleute, 900 konnten gerettet werden. Von diesen waren 84 Matrosen im Rumpf der „Tirpitz" eingeschlossen, sie konnten durch die Männer des Werkstattschiffes „Neumark" mit Schneidbrennern gerettet werden. In den 1950er Jahren wurde das Wrack vor Ort auseinandergenommen und verschrottet.

In der Marine-Literatur findet sich ein Bild zur Eskorte der „Tirpitz", der 4. Zerstörerflottille, mit einem Kommantar:

Abb. 30: „Z 38" in Nordnorwegen

Das Foto zeigt den typischen Aufbau der Zerstörer der sog. Narvik-Klasse: Vorne auf der Schanz die schwere 15-cm-Dopellaffette, achtern die drei Türme B,C und D mit Einzellaffetten. Hierzu schreibt Siegfried Breyer in seinem Bildband „Die deutsche Kriegsmarine", 1994, Bd. 2, S. 30: „Das Dasein deutscher Kriegsschiffe in den norwegischen Fjorden hatte trotz des Krieges – der dort bis etwa 1943/44 immer nur zeitweilig ,stattfand' – so etwas wie einen ,Hauch von Ferienromantik': Wer dorthin verschlagen worden war, wurde eingefangen von der Großartigkeit der Landschaft und der von ihr ausgehenden Ruhe…"

Diese zweifelhafte „Ferienromantik" war spätestens dann vorbei, wenn die britischen Flugzeuge wieder Kurs auf Nordnorwegen nahmen und die „Tirpitz" und die 4. Zerstörerflottille angriffen. Für den größten Teil der Besatzung der „Tirpitz" und etliche Zerstörerfahrer endete der Dienst in Nordnorwegen leider tödlich.

7. Heimfahrt nach Deutschland

Am 04.10.44 fahren wir mit „Z 31" weiter durch die Fjorde nach Süden, nach Harstad, nahe Narvik. An Bord steigt unsere große Abschiedsfeier. Alle sind leicht betrunken.

Am nächsten Morgen findet die Abschlussmusterung der Kadetten durch den Kommandanten statt. Er sagt, wir hätten einen guten Eindruck hinterlassen. Zwei Tage später fährt „Z 31" wieder die 130 Km zurück nach Tromsö. Dort sollen wir auf ein Urlauberschiff umsteigen und zurück nach Deutschland fahren. Unser nächstes Kommando wird die Offiziersschule der Marine in Flensburg-Mürwik sein. Wir erhalten unsere Marschpapiere. In Tromsö ist aber kein Urlauberschiff zu sehen. Auch den nächsten Tag verbringen wir wartend im Hafen. Es ist Sonntag, wir sind wieder an Bord von „Z 31" und in mir ist eine komisch traurige Stimmung.

Am 09.10.44 verabschieden wir uns von unseren Vorgesetzten. Das V-Boot von „Z 31" bringt uns zum Anleger. Dort nehmen wir noch die letzte Post in Empfang. Nach der Ankunft in der Frontleitstelle werden wir mittags an Bord des Transporters geschickt. Wir finden Platz auf dem Achterdeck dieses Urlauberschiffes. Dann verlassen wir Tromsö Richtung Süden. Um 19.00 Uhr legen wir in Harstad an der Pier an. Dort übernehmen wir Truppen, die nach Norden verlegt werden sollen. Das erscheint uns nicht ganz geheuer. Um 22.00 Uhr legen wir ab, Kurs Nord.

Am nächsten Morgen hören wir im Halbschlaf das schreckliche Wort „Tromsö". Nach kurzem Ankern auf Reede landen wir wieder am alten Liegeplatz. „Alles aussteigen!" Doch beim Aussteigen will man uns plötzlich an Bord behalten. Durch astreine Ausweichmanöver gelingt es Otto Heuenfeld und mir, den Häschern zu entkommen. Auf der Pier warten schon die Kameraden auf uns. Nach einer großen Wuhling wollen wir dann auf ein norwegisches Fährschiff übersteigen. Das hätte uns bis Narvik gebracht. Die Hafenpolizei macht uns aber einen großen Strich durch die Rechnung. Wir müssen das Schiff wieder verlassen. Wir melden uns beim Marinekommando und gehen dann in der Stadt spazieren. Keiner weiß, wie es weitergeht. Ich treffe einen Herforder, das muntert mich auf. Nach langem Suchen finden wir endlich Aufnahme in einer Marineschule. Hier werden wir von sehr alten Soldaten gut aufgenommen. Endlich kann man sich wieder gründlich waschen.

Am nächsten Tag (11.10.44) werden wir in der Marineturnhalle erfasst, die Marschpapiere werden geprüft, wir bekommen Kojen zugewiesen und etwas Warmes zu essen. Nun sollen wir bis zu unserer Abkommandierung in die Heimat hier in der Turnhalle stationiert bleiben, Arbeitsdienst leisten und rumgammeln. Wir gehen wieder in die Stadt. Der Gesamteindruck von Tromsö ist nicht gerade schön. Aber hier befinden sich sehr viele Marine- und Nachrichtenhelferinnen des Heeres. Mit diesen kann man die öden Stunden sehr gut verbringen. Es gibt allerdings nicht sehr viele Gebäude, wo man sich mit diesen sehen lassen kann. Den Nachmittag verbringen wir mit Schach- und Skatspielen.

Über Inges Brief habe ich mich sehr gewundert. Dass ihr Bruder gefallen ist, teilte sie mir kurz mit. Ilse dagegen rückt immer mehr in den Hintergrund. Der Urlaub wird mir hoffentlich die erwünschte Klarheit bringen.

11.10.44, Brief an die Eltern:
Meine lieben Eltern und Geschwister!
Wir sind schon abkommandiert und kommen leider von hier nicht weiter. Ich hoffe, dass wir in den nächsten Tagen ein Schiff bekommen für die Heimreise. Die Tage, die wir hier liegen, gehen von unserem Urlaub ab, denn wir müssen am 1. November in der Marineschule in Flensburg-Mürwik antreten. Nach dem Angriff auf Bielefeld habe ich noch keine Nachricht von euch erhalten. Liebe Eltern, habt ihr von Karl Heinz schon weitere Nachrichten? Wie geht es ihm? Ist er gesund? Auf Wiedersehen in Gohfeld! Grüße aus Tromsö sendet euch euer Sohn Günter.

Heute, am 12. Oktober, werden wir in den Nachtstunden aus den Kojen geholt. Es werden Arbeitskommandos verteilt.

In dieser öden Gegend muss ich nun meinen 18. Geburtstag feiern. Ich kann es auch kaum glauben, dass ich heute Geburtstag habe. Der heutige Morgen bringt uns die Nachricht, dass kein Transport mehr nach Süden geht, weder für Kommandierte, noch für Urlauber. Nun habe ich bald meine Hoffnung aufgegeben, nach Deutschland zu kommen. Ich nehme an, man wird uns feldgrau einkleiden und direkt an die Front schicken. Dieses könnte ich nur begrüßen, dann könnte man sich wenigstens einsetzen. Diese ewige Gammelei auf der Frontleitstelle bringt mich nur zur Verzweiflung. Nach dem Arbeitsdienst kehren wir um 21.00 Uhr in die Turnhalle zurück. Dort finden wir unseren Obermaat Zalewski vor sowie drei Maschinenmaate von „Z 32". Sie haben eine Abkommandierung zum Zugführerlehrgang bekommen. Abends spielen wir einen gemütlichen Skat zusammen. In diesen Stunden geht mein 18. Geburtstag zu Ende. Diesen Tag werde ich wohl kaum vergessen.

Am nächsten Tag treffe ich in der Stadt Bordkameraden, die mitteilen, dass unser Urlauberschiff, das wir wieder verlassen mussten, noch am selben Tag versenkt worden ist, als es aus Tromsö ausgelaufen ist. Man kann nur von Glück sagen, dass der Dampfer schon voll beladen war und wir warten mussten. Den Nachmittag habe ich in einem sehr gemütlichen Soldatenheim verbracht. Es waren sehr hübsche Nachrichtenhelferinnen vorzufinden. Ich musste mich doch sehr über das Verhalten einiger dieser Helferinnen wundern. Abends sehen wir noch einen Film, dann werden uns die Schiffskarten für die Heimfahrt ausgehändigt.

14.10.44: Endlich ist der Tag gekommen, an dem wir auf dem Urlauberschiff einsteigen. Es ist jetzt der zweite Versuch, Tromsö hinter uns zu lassen. Nachdem die Fracht verstaut ist, werden um 13.00 Uhr die Leinen losgeworfen. Abends laufen wir wieder in Harstad ein, wo wir die Nacht an der Pier verbringen. Es ist ziemlich eng an Bord, aber es reicht noch, um einige Schachpartien auszutragen, bei denen ich auch einige Male als Sieger hervorgehe.

Um 06.00 Uhr am nächsten Morgen verlassen wir Harstad mit Kurs Süd in Richtung Bodö. Wieder fahren wir durch enge Fjorde. Später, im offenen Westfjord, werden wir von vier Geleitbooten gesichert, weil diese Gegend sehr gefährlich ist. Um 17.00 Uhr ankern wir in einem kleinen Seitenfjord. Nach Einbruch der Dämmerung wird um 22.30 Uhr der Anker gelichtet und wir laufen weiter nach Süden.

Am nächsten Tag, am 16.10.44, geht es ebenso weiter. Mittags gehen wir in einem Schlupfwinkel vor Anker. Abends geht es auf die freie See hinaus. Unsere Begleiter, die kleinen Räumboote, fahren wilde U-Boot-Jagd-Manöver. Um 02.00 Uhr laufen wir in Mosjöen ein. Wir sind jetzt etwa 150 Km südlich von Bodö. Die Kadetten gehen als erste von Bord. Es soll mit der Bahn weitergehen.

Unsere Seesäcke werden in Güterwagen verstaut. Dann marschieren wir in das örtliche Soldatenheim.

17.10.44: Auf dem Wege zur Frontleitstelle treffe ich Matthes, dieser kam aus Deutschland zurück. Beim Bombenangriff hat er seine ganze Familie verloren. Nachmittags empfangen wir die Marschverpflegung für zwei Tage. Um 18.00 Uhr fährt unser Zug vor. Mit 80 Mann steigen wir in ein Abteil. Die Sitzgelegenheiten sind gut, am Abend beginnt das große Filzen.

18.10.44: Um 11.00 Uhr fährt unser Zug in Trondheim ein. Auf der Fahrt habe ich den alten Liegeplatz der „Tirpitz" gesehen. Nun ist dies schöne Schiff den Bomberangriffen der Feinde ausgesetzt. In Trondheim verbringe ich mit Otto einige Stunden in der Stadt.

Am 19.10.44 treffen wir um die Mittagszeit in Oslo ein. Wir werden in einer Marinekaserne untergebracht. Mittags hält uns ein Hauptfeldwebel einen langen Rees *(Geschwafel)* über das Verhalten in der norwegischen Hauptstadt. Anschließend werden wir von einem Schulungsredner der Partei über die Lage an den Fronten ausgerichtet *(auf Linie gebracht)*. Dieser hält uns einen langen Vortrag über den Verrat deutscher Generäle im Westen sowie im Osten. Auf diese Versager sind sämtliche Absetzbewegungen an den Fronten zurückzuführen. In den weiteren Ausführungen sprach er von einem einzigartigen Aufschwung deutscher Waffen, die in kurzer Zeit in den Einsatz kommen werden.

Wir müssen noch einige Tage in Oslo verbringen, dann werden wir nach Dänemark eingeschifft. Dort besteigen wir den Zug nach Deutschland.

Abb. 31: Der stolze Seekadett daheim

Brief an Karl Heinz:
Mein lieber Bruder!
… Und nun will ich Dir etwas über meinen Urlaub schreiben. Du kannst Dir vorstellen, was für einen Empfang man mir bereitet hat. In Minden habe ich mich einige Minuten mit Margarete *(der Freundin und späteren Ehefrau von Karl Heinz)* unterhalten, sie arbeitet ja hier. Abends ist sie bei uns zu Hause gewesen. Bei diesem Besuch bin ich ein großer Trottel gewesen. Noch während Margarete bei uns war, bin ich zu „Bollermann" in die Kneipe gegangen. Nachher habe ich mich geärgert, dass Vater Margarete nach Hause bringen musste. In meinem Urlaub habe ich ein sehr nettes Mädel kennengelernt. Auch Du wirst Edith Rippig kennen. Früher hat sie bei Weigels *(Verwandte)* gearbeitet. Mit ihr habe ich sehr schöne Urlaubstage verlebt. Leider gehen die schönen Stunden zu schnell vorbei. Am letzten Tag habe ich mich mit Margarete über das Verhältnis der jungen Mädel zu Soldaten unterhalten. Ich war wirklich froh, mich mit einem Mädel über dieses Thema unterhalten zu können. Zum Schluss meinte sie, dass ich genügend Erfahrungen gesammelt habe, um mir für mein späteres Leben die passende Frau aussuchen zu können. Auf ein frohes Wiedersehen in der Heimat, Dein Günter.

Abb. 32: Gasthaus „Bollermann"

8. Fähnrichslehrgang in Heiligendamm

Am 1.11.44 bin ich nachts um 02.00 Uhr in Flensburg angekommen. An Vater habe ich den genauen Fahrplan geschickt, das ist ja sein tägliches Brot. Unser Gepäck wurde vom Flensburger Bahnhof zur Offiziersschule der Marine nach Mürwik gebracht, zur „Burg", wie wir Mariner das riesige Backsteingebäude nennen. Wie befürchtet ist Mürwik nicht die Endstation meiner Kommandierung.

Wir werden nach Heiligendamm an der Ostsee geschickt, ein kleines Dorf westlich von Rostock. Dort kommen wir am 3. November an. Ich gehöre zur 7. Gruppe der 4. Kompanie der Marineschule 3. Am Montag soll der Schulbetrieb des Fähnrichslehrgangs losgehen. Bisher haben wir nur zwei Tage lang Ernteeinsatz beim Bauern gemacht, wir mussten Rüben ziehen, alle mussten mitmachen, auch die Maate und Bootsmänner. Das schmeckt unseren Vorgesetzten natürlich nicht.

Abb. 33:   Beim Arbeitseinsatz

Unsere Stuben sind mit 6-10 Mann belegt. Ich habe hier einige Kameraden von „Z 31" wiedergetroffen sowie einige Crewkameraden aus Stralsund. Inzwischen machen wir schon eine Woche nichts anderes als Ernteeinsatz beim Bauern, und die Verpflegung lässt auch zu wünschen übrig.

Jetzt hat endlich unsere Ausbildung begonnen, allerdings nur mit Infanterieübungen und Ausmärschen. Das Wetter jetzt im Herbst ist nicht gerade schön für Derartiges. Wenn man abends in die Unterkunft kommt, ist man froh, in die Koje zu kriechen. In einigen Tagen werden wir hoffentlich unseren Exerzierdienst an den Nagel hängen können. Ich bin nicht auf die Marineschule gegangen, um noch einmal eine Rekrutenausbildung zu bekommen, sondern um meinen Geist zu schulen. Sonst wäre ich lieber an Bord geblieben und hätte mich dort mit meiner ganzen Kraft eingesetzt.

Heiligendamm, 13.11.44
Meine lieben Eltern und Geschwister!
Heute haben wir wieder eine kleine Geländeübung gemacht. Ich hatte Wache am Haupttor und musste daher nicht mitmarschieren. Mittags traf die Kompanie hier wieder ein. Am Nachmittag haben wir unsere Lehrbücher empfangen. Hoffentlich beginnt dann morgen unser Schulbetrieb. Gestern hatten wir beim Hauptfeldwebel Unterricht über den Briefverkehr mit Kriegsgefangenen. Ich habe anschließend beim Kompaniechef um meine Postanschrift hierfür gebeten. Dieser gab mir zur Antwort, ob ich mit meinem Bruder nicht über euch in den Briefverkehr treten kann. Ihr seht, also auch das ist mit Schwierigkeiten verbunden. ...
Herzliche Grüße, Euer Günter.

Im Unterricht hier beginnt alles noch einmal vom Anfang an. Wir nehmen wieder den Rechenschieber in die Hand und üben Bruchrechnen. Die anderen Fächer jedoch bringen viel Neues: Physik, Chemie und Geschichte. Sport und N.S.-Unterricht stehen natürlich auch auf dem Stundenplan. Der Sport macht mir weiterhin keine Schwierigkeiten, einmal pro Woche werden wir bis an unsere Leistungsgrenzen getrieben. Feindliche Flugzeuge besuchen uns hier recht selten. Meist fliegen sie nur über unser Gebiet hinweg.

Heiligendamm, 26.11.44
Meine lieben Eltern und Geschwister!
Am heutigen Sonntag gedenkt die gesamte Nation der toten Helden beider Kriege. Wie hart hat es in manchen Familien zugeschlagen. Unsere Familie ist bisher noch verschont geblieben. Darüber können wir froh und unserem

Herrgott dankbar sein. Es ist auch unmöglich, dass eine Idee, für die solch große und gewaltige Opfer gebracht werden, zum Schluss zusammenbricht. Dass es an den Fronten augenblicklich ernst steht, ist bekannt. Darum ist es gerade jetzt unsere Aufgabe, uns noch fester als bisher um die Fahne zu scharen. ...

Tausend Sonntagsgrüße, Euer Sohn Günter.

Abb. 34: Günter an der Mole

Vom 25.11. bis 2.12. waren wir wieder mit Ernteeinsatz an der Reihe. Morgens um 06.30 Uhr ging es zur Domäne. Wir wurden in Gruppen eingeteilt und mussten bis zum Mittag arbeiten. Mir macht dies besonders viel Spaß, weil ich mich wieder mit zwei Pferden bewegen konnte. Meine schönste Aufgabe war das Abfahren der Wagen. In der Hauptsache haben wir Kartoffeln sortiert und Steckrüben in die Mieten eingebracht. Nachmittags begann dann wieder der Unterricht. Deutsch, Mathematik und Chemie ist doch ein umfangreicher Stoff. Man glaubt kaum, wie schwer doch die deutsche Rechtschreibung ist. Lauter

Regeln, trotzdem wirft eine Regel die andere wieder um. Da hilft nur stures Auswendiglernen.

In allen Gauen des Reiches bereitet man sich jetzt auf das schönste Fest des Jahres vor, aber wir haben Weihnachten Urlaubssperre.

Heilgendamm, 20.12.44
Meine liebe Mutter!
Gerade heute bin ich in Gedanken bei euch in Gohfeld. Du feierst Deinen Geburtstag. In all den Jahren war dann immer eine kleine Gesellschaft zum Feiern bei uns. Ich hoffe, auch dieses Jahr habt ihr die Gelegenheit. Ich wünsche Dir, liebe Mutter, weiterhin alles Gute, und das schönste Geburtstagsgeschenk soll ein baldiges Wiedersehen mit uns Soldatensöhnen sein. ...
Herzliche Grüße an Margarete und Familie Weigel, Dein Junge Günter.

Heiligendamm, 27.12.44
Ihr Lieben daheim!
Ich hoffe, dass ihr das Weihnachtsfest ohne besondere Vorkommnisse gut überstanden habt. Hat der Weihnachtsmann auch für die Kleinen genügend gebracht? Es war mir nicht möglich, hier etwas aufzutreiben. Wir Kadetten bekamen als Weihnachtsgeschenk ein gutes Buch, einen Teller mit Gebäck und für alle drei Tage Freibier. Leider kann man von dem nicht so viel vertragen. Hier konnten wir ungestört leben. An allen Tagen haben wir einen Spaziergang am Strand gemacht. ... Wir wollen hoffen, dass uns das nächste Jahr den langersehnten Frieden bringt. ...
Herzliche Grüße von eurem Günter.

Heute ist der 2. Januar 1945. Es ist kaum zu glauben, in wenigen Tagen bin ich schon ein Jahr lang Soldat. In dieser Zeit habe ich viele Menschen kennengelernt und auch viel lernen müssen. Aber so etwas wie die Bordzeit habe ich bisher noch nicht erlebt. Diese frohen und ernsten Stunden werden ewig in meinem Gedächtnis bleiben. Da trifft man am Nordkap einen alten Bekannten aus dem Heimatdorf, Heinz Gerlach von der „Tirpitz", das ist unvergesslich.

Nun müssen wir jede Menge Arbeiten schreiben. Bis in die tiefe Nacht sitzen wir über den Büchern, bis uns die Augen zufallen. Ende Januar haben wir unsere Zwischenprüfungen. Dann geht es auf die Marineschule nach Mürwik zurück. Dort brauchen wir dann hoffentlich nur noch vier Monate Lehrgang zu machen um Fähnrich zu werden. Ein Teil unserer Lehrgangsteilnehmer ist schon auf eigenen Wunsch zum Heer versetzt worden. Ich sehe nicht ein, dass ich das Angefangene nun hinwerfe. Die Kameraden, die zum Heer gehen, sollen in acht Monaten zum Leutnant befördert werden, dann geht es an die Front. Sollte es hart auf hart gehen, dann werden auch wir wohl als Infanterie eingesetzt. Ich hoffe jedoch, dass wir unseren Lehrgang beenden können und dann wieder an Bord kommen. Am Ende dieses Monats fahren die ersten Kameraden zu einem Lehrgang nach Oberbayern. Dort werden sie für neue Aufgaben geschult und vorbereitet.

Heiligendamm, 02.02.45
Meine lieben Eltern und Geschwister,
... Wenn wir nun in einigen Tagen oder Wochen den feldgrauen Rock anziehen, dann seid bitte nicht besorgt. In solchen schweren Stunden, wo an allen Fronten der Feind vergebens versucht, in unser schönes Deutschland einzudringen, um es zu vernichten, muss das eigene Ich zurückstehen, und alle Kräfte müssen daran beteiligt sein, dieser drohenden Gefahr Herr zu werden. ... Auch durch Bombenterror kann der Feind das deutsche Volk nicht mürbe machen. ...
Herzliche Grüße von Eurem Günter.

In diesen Tagen, Mitte Februar, gehen wieder Meldungen für den Kleinkampfverband der Marine heraus. Es ist nur schade, dass man dort erst ab Dienstgrad Fähnrich genommen wird. Gerne würde ich in die Fußstapfen meines erfolgreichen Bruders bei diesem Kommando treten.

Heiligendamm, 18.02.44
Mein lieber Vater!
Heute möchte ich etwas ganz Besonderes und Wichtiges mitteilen. Gestern erhielten wir die Nachricht, dass wir vom Heer übernommen werden. Nach langem Warten kommt nun der gewünschte Einsatz. Ich bitte Euch, seid nicht um mich besorgt. Ihr wisst, bisher ist alles klar gegangen, warum sollte es nicht beim Heer genauso sein? ... Meine Privatsachen schicke ich im grünen Koffer ab. ... Mein lieber Vater, ich habe versucht, hier bei der Kriegsmarine zu bleiben, es war aber nicht möglich. Wenn es die Lage erlaubt, werde ich alles versuchen, um wieder zur Marine zurückzukommen.

Für heute die herzlichsten Grüße von Eurem stolzen Sohne Günter.

Mehr als eine Woche ist vergangen und ich bin hier immer noch in Heiligendamm. In der Schule geht es noch mit alter Gewohnheit weiter. Aber der Großteil der Kameraden lernt kaum noch. Man verfällt schnell der Ansicht, dass man unseren Lehrstoff beim Heer nicht mehr braucht oder dass er dort bedeutungslos ist.

Wir sollen vom Heer als ROB *(Reserveoffiziersbewerber)* übernommen werden. Wahrscheinlich behalten wir unseren Dienstgrad „Seekadett". Beim Heer beginnt dann die Schule noch einmal von neuem, aber die Ausbildung ist wesentlich kürzer.

Lenggries, 12.03.45
Meine lieben Eltern und Geschwister!
Wir sind hier nun schon vier Tage in der Prinz-Heinrich-Kaserne in Lenggries und immer noch nicht eingekleidet. Wir laufen weiterhin in unseren blauen Uniformen herum. Wenn ich diese ausziehen muss, fühle ich mich als ein ganz anderer Mensch. Wenn es in meinen Kräften steht, gehe ich natürlich wieder zur Marine. Die Schönheit der Seefahrt und dort die Einsätze fahren liegt mir bestimmt mehr, als in einer Infanterieuniform im Graben zu liegen. Ich kann mich aber auch anpassen, was mir natürlich sehr schwer fällt. Einen Trost habe ich: Ich bin mit meinen alten Kameraden wieder in einer Inspektion gelandet. …
Von Heiligendamm ist der größte Teil unserer Crew abkommandiert worden zur Infanterie, zu den Pionieren und zur Waffen-SS.
In den ersten Tagen habe ich mir hier erst einmal die Gegend angesehen. Man muss schon sagen, dass es zur Abwechslung und zur Erholung nirgends schöner ist als gerade hier in Oberbayern. Man muss es nur verstehen, sich mit den Leuten richtig zu unterhalten. Wenn man genügend Marken hat, kann man in diesen Dörfern noch gut essen. Aber meist fehlt es daran. Und in den Kasernen reichen die Zulagen nicht ganz aus. In Heiligendamm konnte man das, was gerade fehlte, in der Offiziersmesse bekommen. Das ist nun alles vorbei.
Meine lieben Eltern, wenn ihr mir etwas zu essen schicken wollt, dann bitte nur Marken. Pakete werden nämlich von den Adjutanten geöffnet.
Meine lieben Eltern, ich hoffe, dass es euch noch immer gut geht. Vater hat ja geschrieben, dass der Eisenbahnviadukt zwischen Bielefeld und Brake zerbombt wurde. Ich warte mit Sehnsucht auf jede Zeile von Euch und Karl

Heinz. Schreibt ihm in vorsichtiger Form, dass ich bei der Infanterie gelandet bin.
Zum Schluss wünsche ich Euch noch alles Gute und herzliche Grüße an alle Bekannten.
Herzlichst Euer Sohn und Bruder Günter.

Abb. 35:   Das letzte Foto

Dies war der letzte Brief und auch das letzte Lebenszeichen des Seekadetten Günter Potthast.

9. Die Suche nach Günter

Hermann Potthast hatte die Gewissheit, dass sein ältester Sohn Karl Heinz in britischer Kriegsgefangenschaft war und es ihm gut ging. Jetzt aber bestimmte die Sorge um den jüngeren Marinesoldaten das Denken der Familie. Wohin hatte man die Seekadetten der Marine geschickt, die jetzt als ROB der Infanterie angehörten?

Die Eltern hofften, dass sie irgendwann ein Lebenszeichen erhalten würden, dass sich Günter ebenfalls irgendwo in Kriegsgefangenschaft befindet. Jetzt begann ein langes Warten, das kein Ende nehmen wollte.

Im Januar 1947 brachte der Postbote, der in den ersten Jahren nach dem Ende des Krieges sehnsuchts- und angstvoll erwartet wurde, einen Brief an Günter. Geschrieben hatte ihn sein Crewkamerad Werner Neumeister:

„Zschardraß, über Colditz, Sachsen, den 26.01.47

Mein lieber Günter!

Du wirst staunen, von einem alten Kameraden Post zu bekommen. Ja, ich will zur Feder greifen und die Verbindung aufnehmen, um vieles zu erzählen - und viel zu erfahren.
Um zu den Gründen meiner Krankheit zu kommen, könnte ich Dir einen langen Roman schreiben. Ich will es so kurz fassen als irgend möglich.

Also: Am 12.04.45 wurde die Marineschule Heiligendamm abkommandiert (ohne Offiziere) zur Panzer-Jagd-Brigade „Marine" nach Neu-Strelitz. Ich war mit Ede Kück, Dülfer, Stechler und Willy Mayer in einer Gruppe. In der Kompanie waren noch viele Kameraden aus der 4. Kompanie der Marineschule Heilgendamm. Nach neuntägiger Gewaltausbildung kamen wir in den Einsatz nach Berlin, d.h. ins Zentrum kamen wir nicht, sondern wurden gleich in der Nähe von Velten, Kremmen und Schwante *(nordwestlich von Berlin)* in zahlreiche Gefechte verwickelt.

Am 25.04. kam unsere Kompanie in größte Bedrängnis und wurde fast vernichtet. Von etwa 75 Mann wurden wir zusammengehauen auf 25 und gerieten in Gefangenschaft der Polendivision. Bekannte Namen von Geretteten: Leo Olrück (verwundet), W. Mayer, Willy Fuchs, Wolter, Hans Popel u.a.. Von den Kämpfen weiß ich, dass unser lieber „Notti" am MG 42 lag und einen Volltreffer einer Sturmgeschützgranate 7,62 cm bekam, ebenfalls unser Dülfer. Von Eduard Kück wurde gesagt, dass er bei einem Durchbruchsversuch von Polen mit dem Kolben erschlagen worden sei, weil er mit der Panzerfaust geschossen hatte. Ich kann es nicht sicher sagen, da ich es nicht gesehen habe. Die Bitte, an den polnischen Kommissar, dass wir unseren Kameraden beerdigen wollen, wurde abgelehnt. Unser Abtransport erfolgte in Gewaltmärschen bis nach Landsberg über Küstrin (wo, wie ich nach der Heimkehr erfuhr, mein ältester Bruder am 27.03.45 gefallen ist). Von dort nach Posen und von dort mit der Eisenbahn in 12 Tagen – nach Sibirien.

Auf dem Marsch waren noch Willy Mayer und die beiden Steuermänner Pfeiffer und Mehlhorn bei uns. Und im Eisenbahntransport gingen W. Fuchs, Hans Popel, Wolter und ich mit. Unterwegs wurden wir geteilt, die eine Hälfte des Transportes blieb im Ural, Popel und ich fuhren weiter bis nach Asbest (etwa 150 Km nordöstlich von Swerdlowsk, früher Jekaterinburg) ins Lager Nummer 84. Dort kamen wir beide auch auseinander und ich blieb allein übrig.

Bis zum März 1946 habe ich täglich 12 Stunden im Asbest-Steinbruch schwer arbeiten müssen. Am 15.03.46 bekam ich eine Lungen- und Rippenfellentzündung, musste aber weiterarbeiten. Nach 10 Tagen war ich fertig und kam mit Lungen-TBC ins Lazarett. Dort blieb ich bis zum 6. August, als der Transport in die Heimat erfolgte. Und jetzt liege ich in einer Heilstätte und werde wieder kuriert.

Meine Mutter und ich sind allein, ganz allein. Meine beiden Brüder und der Vater sind gefallen, und ausgebombt sind wir außerdem. Welchen Beruf ich ergreifen werde, weiß ich nicht.

Nun habe ich die große Bitte, von Dir alle Adressen von Marineschülern zu erfahren, insbesondere Walter Müller, Kück und Stechler. Dann schreibe mir bitte Deine Erlebnisse und sage, ob Du das ganze Ende der „alten Welt" gut und gesund überstanden hast oder nicht.

Sei vielmals gegrüßt von Deinem alten Freunde Werner."

Günter konnte nicht mehr antworten, sein Schicksal war unbekannt.

Zu dem historischen Hintergrund dieses Briefes schrieb der Marinehistoriker Werner Rahn in seinem 2005 veröffentlichten Buch „Deutsche Marinen im Wandel" unter dem Titel „Winkelriede, Opferkämpfer oder Sturmwikinger? Zu besonderen Einsatzformen der deutschen Kriegsmarine 1944/45", Seite 515:

„Daher sah der Oberbefehlshaber der Marine in dem verfügbaren Marinepersonal, das nicht mehr bei den wenigen noch vorhandenen Seestreitkräften benötigt wurde, ein militärisches Potential, das für einen Einsatz in der Landkriegsführung bedenkenlos geeignet zu sein schien. Dönitz war bereit, dieses Personal ähnlich rücksichtslos einzusetzen wie im Sommer 1944 die Einheiten des K-*(Kleinkampf-)*Verbandes an der Invasionsfront. Nur so ist es zu verstehen, dass er bei einem seiner letzten Gespräche mit Hitler am 14. April 1945 anbot, 3.000 junge Soldaten der Kriegsmarine, die mit leichtem Gepäck und Panzerfaust auszurüsten wären, für den Kampf im Hintergelände der Westfront gegen die feindlichen Nachschublinien zur Verfügung zu stellen. Hitler begrüßte dies Angebot. Wenige Tage später hielt die Seekriegsleitung in ihrem Kriegstagebuch fest, dass nicht nur ‚1.500 Offiziersanwärter der Kriegsmarine für Panzer-Jagd-Zwecke der Heeresgruppe Weichsel zur Verfügung gestellt' werden sollten, sondern darüber hinaus ‚gemäß Führerbefehl ein Marine-Panzer-Jagd Regiment auf schnellsten Wege' aufgestellt werden sollte. ... Doch zu derartigen Einsätzen ist es - soweit bislang bekannt - offensichtlich nicht mehr gekommen."

Der Brief von Werner Neumeister beweist jedoch, dass die Panzer-Jagd-Brigade „Marine" bereits am 12.04.1945 in Neustrelitz aufgestellt wurde, also noch vor dem von Rahn erwähnten Angebot von Dönitz an Hitler vom 14.04.1945.

Während im März 1945 Panzergeneral Guderian wegen seiner Kritik an der sinnlosen Strategie von Hitler kaltgestellt wurde, während Rüstungsminister Speer offen gegen Hitlers Zerstörungsbefehle von Bauten und Anlagen arbeitete und während Himmler den Separatfrieden mit den Westmächten suchte, stand Dönitz eigentlich in dem engsten Kreis um Hitler allein da mit seiner fanatischen Treue zum „Führer".

Als sich der Krieg bereits in diesem aussichtslosen Stadium befand, ließ Dönitz spätestens ab Anfang Februar 1945 die nicht direkt oder indirekt am Kampf beteiligten Einheiten wie Schulen und Stäbe durchkämmen, um mit den im Landkampf unerfahrenen Marinesoldaten die Lücken in Himmlers SS-Regimentern zu füllen, Heerestruppen aufzufrischen oder eigene Einheiten für den „Marinebuschkrieg" aufzustellen – so nannten seine „Lords" den Landkampf. Dönitz schickte zu diesem Zeitpunkt unerbittlich und mit rücksichtsloser Härte Seeleute in den aussichtslosen Kampf gegen die Übermacht der alliierten Streitkräfte, und das, obwohl - oder vielleicht weil - er seine beiden Söhne in diesem Krieg verloren hatte.

Peter Dönitz starb im Mai 1943 als Erster Wachoffizier von U 954. Ein Liberator-Bomber versenkte das U-Boot mit zwei selbstsuchenden Torpedos. Claus Dönitz, der zuvor auch U-Boot-Fahrer war, starb im Mai 1944 im Ärmelkanal, wo er als Gast bei einem befreundeten Kommandanten auf dessen Schnellboot S 141 mitgefahren war.

Bereits am 18.02.1945 schrieb Günter an seine Eltern, dass er befürchte, vom Heer übernommen zu werden. Für die Marineleitung war angesichts der aussichtslosen militärischen Lage klar: Wer jetzt noch für weiterführende Aufgaben an Schulen ausgebildet wird, hat keine Aussicht darauf, dass die Marine das neue Wissen nach Abschluss der Ausbildung noch effektiv im Kampf umsetzen kann, weil dann der Krieg wohl beendet sein wird. Also sollte man besser diese Marinesoldaten sofort in den Landkampf schicken. Das Rüstzeug dafür hatten sie ja mit ihrer Infanteriegefechtsausbildung in der dreimonatigen Grundausbildung erhalten.

Anfang Februar 1945 war Aachen bereits von den Alliierten eingenommen und die Soldaten marschierten weiter zum Rhein. Im Osten hatte die Rote Armee schon die Oder erreicht.

Dönitz gehörte seit dem Umsturzversuch vom 20. Juli 1944 zu den engsten Beratern Hitlers. Er zweifelte nicht am „Endsieg" und bot dem Führer immer wieder seine Seeleute für das letzte Aufgebot an. Der Großadmiral personifizierte somit die Führertreue in höchstem Maße und wurde dafür von Hitler durch die Berufung zu seinem Nachfolger belohnt.

Nach Hitlers Selbstmord am 30.04.1945 regierte Dönitz ab dem 02.05.1945 mit seiner „Flensburger Regierung" das de facto schon besiegte Deutsche Reich. Er kämpfte nicht dem von Hitler erwarteten Fanatismus weiter, sondern suchte den Waffenstillstand. Mit der bedingungslosen Kapitulation, die am 08.05.1945 in Kraft trat, war das sinnlos gewordene Sterben der deutschen Soldaten beendet.

Nun erhob sich in fast allen Familien die bange Frage: Haben unsere Söhne und Väter den Krieg überlebt?

Auch Hermann Potthast wartete nach Kriegsende jahrelang auf ein Lebenszeichen seines Sohnes Günter. Karl Heinz war längst aus der Kriegsgefangenschaft zurückgekehrt und hatte sein Studium begonnen. Die Familie glaubte noch immer daran, dass auch der jüngere Marinesoldat eines Tages als Heimkehrer wieder vor der Haustür in Gohfeld stehen würde.

Erst im Juni 1954 wollte sich der Vater ernsthaft mit der Möglichkeit auseinandersetzen, dass Günter gefallen sein könnte. Er schrieb an die Deutsche Dienststelle für die Benachrichtigung der nächsten Angehörigen von Gefallenen der ehemaligen deutschen Wehrmacht in Berlin. Ein Jahr später, am 16.07.1955, erhielt er von dieser Behörde die Nachricht, dass dort eine Aussage eines Kameraden über den Tod von Günter vorliege, die aber für eine Todeserklärung nicht ausreiche. Danach sei der Seekadett Günter Potthast in Deubach bei Lauda-Königshofen (etwa 15 Km südlich von Würzburg) gefallen.

Nun verfolgte die Familie in erster Linie diese Spur auf der Suche nach dem Grab von Günter. Parallel dazu wurde der „Volksbund Deutsche Kriegsgräberfürsorge e.V." eingeschaltet. Der teilte aber im Juli 1955 mit, dass ein Grab von Günter Potthast nicht bekannt sei. Noch in diesem Monat, am 28.07.1955, erhielt die Familie einen Brief des von der Dienststelle in Berlin benannten Ernst Petsche aus Kaiserslautern, im dem dieser bestätigte, dass Günter schwer verwundet worden sei.

Das katholische Pfarramt von Deubach schrieb am 22.08 1955, dass in den dortigen Todesmatriken Günter nicht aufzufinden sei. Es gebe aber einen Pater in Münnerstadt in Unterfranken, der sich sehr für die Identifizierung der gefallenen Soldaten in Deubach eingesetzt habe. An den wandte sich Karl Heinz, inzwischen Studienrat, der jetzt bei der Suche nach seinem Bruder federführend war.

Der Pater Badurad Hunold antwortete am 07.09.1955:
„Sehr geehrter Herr Studienrat!
Ich habe mich seit meinem Abgang von Deubach im Oktober 1947 nicht mehr mit der Identifizierung der auf dem Deubacher Friedhof beerdigten Soldaten befassen müssen. Von meiner Seite war bis dahin das Mögliche geschehen. Offen waren nur noch jene Fälle, bei denen nur die Erkennungsmarken vorhanden waren. Diese sind dem Hilfsdienst für Kriegsgefangene und

Vermisste in Stuttgart zugeschickt worden. Wieweit dort die zu den Nummern gehörenden Namen ermittelt werden konnten, weiß ich nicht. Es verbleibt dann immer noch eine Reihe von gefallenen Soldaten, die bei sich gar nichts trugen, keine Erkennungsmarken, keine Papiere, nichts. … Schon damals, als ich noch in Deubach war, sagte ich oft, dass über den letzten Unbekannten nur Klarheit kommen kann durch Teilnehmer am Kampfgeschehen, die Aussagen machen, dass der Gesuchte als Toter an einer bestimmten Stelle liegen geblieben ist. Als Unbekannte wurden noch folgende Erkennungsmarken mit Einheitsangaben gefunden. … Nähere Angaben über diese Unbekannten kann ich nicht machen. Schwerst verwundet waren sie ja alle. Die oben genannten hatten alle keinerlei Papiere bei sich. … Einen seelsorgerlichen Beistand, letzte Ölung, konnte ich in der Schlacht nicht geben. Für ein würdiges Begräbnis habe ich gesorgt, auch mehrere Gottesdienste für die Gefallenen gehalten. Ob der allgemeinen Zerstörung und wegen Platzenge auf dem Friedhof mussten wir ein Massengrab, besser: Gemeinschaftsgrab, anlegen, da wir die Toten in den Friedhof hereinbringen wollten. …

In Ehrerbietung grüßt ihr P. Badurad Hunold."

Abb. 36: Die Kirche von Deubach

Zu der Frage, warum so viele Tote keine persönlichen Gegenstände mehr bei sich haben, finden wir in den Unterlagen von Hermann Potthast noch einen aus der Illustrierten „Quick" ausgeschnittenen Artikel, der leider Datum und

Ausgabe nicht mehr erkennen lässt, vermutlich aber aus dem Jahre 1954 stammt:

„Das Rätsel von Königshofen.

Quick fand die erste Spur eines geheimnisvollen Verbrechens.

Auf geheimnisvollen Umwegen gelangte die *(abgebildete Taschen-)* Uhr zu ‚Quick'. Den unbekannten Dieb hatte neun Jahr nach seiner Tat die Reue gepackt. Damals, Ostern 1945, waren laut Protokoll 54 blutjunge Offiziersanwärter bei Königshofen an der Tauber gefallen. Bei ihrer Beerdigung stellte sich heraus, dass die Wertsachen fehlten. Um die Spuren zu verwischen, hatten offensichtlich Leichenfledderer einigen ihrer Opfer die Soldbücher und Erkennungsmarken fortgenommen. Darum konnten elf der Gefallenen bis heute nicht identifiziert werden. Diese Uhr ... kann vielleicht helfen, das Dunkel über einen der Toten von Königshofen zu lüften. ...“

Inzwischen hatte die Dienststelle in Berlin herausgefunden, dass einige der in der Schlacht bei Deubach gefallenen deutschen Soldaten in Bensheim an der Bergstraße *(am Rhein, etwa 70 Km westlich von Lauda-Königshofen)* bestattet wurden. Der Magistrat von Bensheim bat die Angehörigen um weitere Angaben zu dem Gesuchten, insbesondere hinsichtlich der Erkennungsmarke. Im November 1955 schrieb die Stadt Bensheim an Hermann Potthast, dass auf dem dortigen Soldatenfriedhof noch drei Reserveoffiziersanwärter der Kriegsmarine bestattet seien, deren Erkennungsmarken noch nicht entschlüsselt werden konnten. Bei den Nachforschungen wurde auch ermittelt, dass die Seekadetten in Lenggries möglicherweise „neue“ Erkennungsmarken des Heeres aus Altbeständen des Jahres 1940 erhielten.

Mit Brief vom 11.11.1955 ergänzt Pater Hunold seine Angaben zur Schlacht bei Deubach:

„Es war ein Lehrregiment aus der Offiziersschule in Lenggries, das hier kämpfte. Der Einsatz war von der SS überwacht. Wir waren in Deubach einige Tage so gut wie eingesperrt. Die Schlacht dauerte von Ostersonntag bis Freitag. Erst am Montag nach dem ‚weißen Sonntag' konnten wir in die Feldflur. Am Sonntag versuchte ich es ein paar Mal, traf aber auf amerikanische Soldaten, die auf mich schossen. Allerdings wurden noch viele Verwundete vom Berg heruntergeschafft, diese wurden weiter nach rückwärts abgefahren. Und so gibt es viele Erklärungen für das ganze Tohuwabohu.“

Abb. 37:   Der Totenweg am Ortsrand von Deubach

Der Weg, der hinter Deubach durch Wiesen und Felder den Berg hinauf in den Wald führt und der mit Leichen der getöteten Soldaten bedeckt war, heißt heute noch „Totenweg".

10. Der Landkampf der Seekadetten

Am Montag, den 26.03.1945, treffen die Seekadetten aus Lenggries per Bahn und Lastwagen in Königshofen ein. Sie bilden innerhalb der neu aufgestellten „Ersatz-Division Bayern" das „Offiziersbewerber-Regiment" (OB-Regiment). Diese Division wird mit dem Stab und den restlichen Truppen der „Volks-Grenadier-Division 212" (VGD 212) zusammengeführt und am 30.03.1945 umbenannt in „212. Volks-Grenadier-Division". Der Kommandeur wird Oberstleutnant Cord von Hobe. Vor Ort in Bad Mergentheim ist lediglich der Stab dieser Division, die Versorgungstruppen sind noch im Anmarsch. Gefechtsstand der Division ist die Kaserne am Westrand von Bad Mergentheim. Für die Verpflegung der Soldaten ist nicht gesorgt, das müssen die Bewohner der Ortschaften übernehmen.

Der neue Kommandeur resümiert:
„Die Division ‚Bayern' … ist aus Ersatzeinheiten des Wehrkreises VII aufgestellt und umfasst ein besonders wertvolles Mannschaft- und Unterführerpersonal. Ein Teil der Offiziere ist kriegsversehrt, aber tüchtig und erfahren. Im Einzelnen gehören zur Division: Das OB Regiment (OB Schule Lenggries) sowie drei weitere Ersatzregimenter … Die Verpflegungsstärke beträgt etwa 12.000 Mann. Nachteilig ist trotz der scheinbar großen Kampfstärke: Das Fehlen von Panzerabwehrwaffen, die geringe Ausstattung der Infanterie mit schweren Waffen … Das Fehlen von genügend Sanitätsmaterial usw. …" (v. Hobe, BA, ZA1/1123, S.4 f.).

Die Division „Bayern" hat allenfalls die Kampfkraft eines Regimentes. Der Historiker John Zimmermann geht soweit, die Division „Bayern" einfach als „Trümmertruppe" zu bezeichnen (Das Deutsche Reich und der Zweite Weltkrieg, Band 10/1, S. 330).

Die VGD 212 ist dem XIII. Armeekorps unterstellt, dessen Generalkommando in Rothenburg ob der Tauber stationiert ist. Das Korps gehört zur 1. Armee von General Hermann Förtsch. Am 01.04.1945 übernimmt das XIII. SS-Armeekorps unter Führung von SS-Gruppenführer Max Simon die Befehlsgewalt über dieses Heereskorps.

Die Stoßrichtung der amerikanischen Truppen richtet sich gegen Würzburg, um dann weiter nach Nürnberg vorzurücken, wo sich das Generalkommando der 1. Armee befindet.

Am Karfreitag, den 30.03.1945, sind amerikanische Aufklärungseinheiten vor Tauberbischofsheim aufgetaucht. Am nächsten Tag greifen amerikanische Panzerdivisionen an.

Die 212. VGD steht jetzt zwischen Tauberbischofsheim und Königshofen in schwerem Abwehrkampf gegen die 4. Amerikanische Panzerdivision, die längs der Tauber vorrückt mit Stoßrichtung auf Bad Mergentheim. Den Amerikanern gelingt bald die Einnahme von Königshofen.

Inzwischen herrscht befehlsmäßiges Chaos: Nach der Übernahme der Befehlsgewalt hat das XIII. SS-Armeekorps Schwierigkeiten, Nachrichtenverbindungen zu den kämpfenden Truppen herzustellen. Nachdem Königshofen geräumt ist, wird am 02.04.1945 eine neue Hauptkampflinie auf den Höhen westlich der Tauber festgelegt.

„So gelang es, bis zum 03.04.1945 bei allen Divisionskampfgruppen allmählich eine brauchbare Kampfgliederung mit geringen schweren Waffen und Artillerie zu erreichen. Trotzdem war es nicht möglich, ihre Kampfkraft so zu stärken, dass sie den harten Angriffen gewachsen war. Ihr Kampf war also keine Verteidigung, sondern nur hinhaltender Widerstand (Albert, Einsatz des XIII. SS-AK, S. 19).

Eine weitere Quelle zu den Kämpfen im Raum Bad Mergentheim liefert das erzbischöfliche Ordinariat Freiburg. Es hatte nach Kriegsende die Pfarrämter aufgefordert, über Kriegsschäden und sonstige Kriegseinwirkungen zu berichten. In der Zusammenfassung „Kriegsereignisse des Weltkrieges 1939/45 im badischen Frankenland. Nach dem Bericht von Augenzeugen – geschildert von Herrn Geistlichem Rat Rothermel, Dekan in Königheim" ist folgendes zu lesen:

„4. Die Kämpfe in der Umgebung von Lauda und Königshofen
Die günstige Lage von Königshofen und Deubach am Ausgang des Schüpfer Grundes und den gegenüberliegenden Anhöhen ermöglichte der SS die gute

Stellung, um den Amerikanern die Durchfahrt nach Mergentheim zu verhindern. Schon Tage zuvor war die SS eingetroffen, ferner eine Abteilung blutjunger Infanterie, vorher Marine-Soldaten, welche die Stadt *(Königshofen)* zu verpflegen hatte. Dazu hatte die SS alle Pferde der Bauern samt Wagen für ihren Transport beschlagnahmt. Der damalige Bürgermeister, ein sturer Parteigenosse, wollte die Stadt unbedingt verteidigt haben. ...
Das benachbarte Deubach, ein Ort mit 20 Haushaltungen, katholisch, eine Enklave von Württemberg, sollte für Königshofen die Rückendeckung bilden. Die ganze Woche über war dort eine Panzerjäger-Abteilung einquartiert. Am Gründonnerstag kam noch eine aus mehreren Kompanien bestehende Infanterie, meistens junge Leute, notdürftig ausgerüstet dazu. Auch diese mussten von den Ortseinwohnern verpflegt werden. Am Karfreitag traf noch Artillerie ein. Dieselbe bezog die Anhöhen, wo sie in mangelhaft ausgehobenen Schützengräben Stellung nahmen. Am Ostersonntag griffen sie dort zur Unterstützung für Königshofen in den Kampf ein, so sehr, dass an beiden Ostertagen in Deubach kein Gottesdienst möglich war und die Leute Tag und Nacht in ihren Kellern verbleiben mussten. Der Höhepunkt des Kampfes war von Osterdienstag bis Freitag".

Als die Amerikaner am Samstag vor Ostern angreifen, beginnt für die Seekadetten der Abwehrkampf gegen die feindliche Panzerdivision.

„Das Offiziersbewerber-Regiment bleibt zunächst westlich der Tauber auf den Höhen westlich von Lauda, wird aber nach erfolgreichen Kämpfen am 1.4. *(Ostersonntag)* auf das Ostufer zurückgenommen. ...
Bis zum 2.4. mittags werden 40 Feindpanzer außer Gefecht gesetzt. Leider sind aber auch die eigenen Verluste erheblich, da die Masse der Truppe kampfungewohnt und die ärztliche Versorgung mangelhaft ist. ...
Immerhin kann bis zum 2.4. abends nicht nur ein Durchbruch des Feindes verhindert werden, sondern auch dem Feind erheblich Abbruch getan werden. Ab dem 2.4. früh war die Division dem XIII. SS-Armee-Korps unterstellt worden. Am 2.4. abends wurde Oberstleutnant von Hobe auf Befehl des PA *(Personalamt der Wehrmacht)* als Divisionsführer (angeblich wegen politischer Unzuverlässigkeit) durch den General Ulich ... ersetzt " (v. Hobe, S. 7 ff.).

Auf dem Höhepunkt der Kämpfe im Taubertal wird nicht nur die Führung des XIII. Heeres-Armeekorps ausgewechselt, sondern auch noch der Kommandeur der 212. VGD. Größer könnte das Führungschaos nicht sein.

Über die Kämpfe am 03.04.1945 schreibt der bereits zitierte Ekkehardt Albert, Obersturmbannführer und Chef des Generalstabes des XIII. SS-AK (Einsatz des

XIII. SS-AK, S. 21): „Im Abschnitt der Kampfgruppe der 212. VGD gelang dem Gegner ein tiefer Eingriff auf dem Nordflügel, der zur Zurücknahme der Front noch während der Kämpfe am Tage zwang. Dort kämpfte ein Regiment von Reserve-Offiziersbewerbern, das nach Absicht des Generalkommandos und gemäß Armeebefehl schon aus der Front hätte herausgelöst werden sollen. Dieses wertvolle Menschenmaterial sollte als Ersatz für Unteroffiziersausfälle auf alle Fronteinheiten des Korps verteilt werden. Durch die sehr angespannte Frontlage in diesem Abschnitt war jedoch eine Ablösung undurchführbar gewesen. Die Verluste bei diesem ROB waren empfindlich hoch, ein umso härterer Verlust für das Generalkommando. Trotzdem bot sich keine Möglichkeit, nunmehr dieses Regiment Zug um Zug aus der Front herauszulösen. So hart der Verlust empfunden wurde, er musste in Kauf genommen werden, wollte man nicht noch eine krisenhaftere Entwicklung und damit noch größere Verluste heraufbeschwören."

Im Klartext heißt das: Diese ROB, dieses „wertvolle Menschenmaterial", sollte eigentlich nicht bereits jetzt, sondern erst später geopfert werden, unabhängig von der Frage, ob der Kampf angesichts der erkannten aussichtslosen militärischen Lage überhaupt noch einen Sinn und Zweck hat.

Am Mittwoch nach Ostern, am 04.04.1945, ist der Seekadett Günter Potthast in den Kämpfen bei Bad Mergentheim auf den Höhen nördlich von Deubach gefallen.

Der neue Kommandeur der 212. VGD, Generalmajor Max Ulich, berichtet von diesem Tag: „Am 4.4. vormittags trat der Gegner mit starken Kräften auch unter Einsatz von Artillerie vom Westufer der Tauber her gegen den Nordflügel der Division zum Angriff an. Ohne nennenswerten Erfolg. Die in diesen Tagen noch mit leidlich ausreichender Munition ausgestattete Artillerie, die ihre letzte Munition verschießenden Nebelwerfer und das beharrliche Aushalten der Infanterie ermöglichten in dem für die Verteidigung günstigen Gelände diesen beachtlichen Abwehrerfolg. Dieser Erfolg verhinderte, dass dem Gegner die für ihn wichtige Enge bei Bad Mergentheim in die Hand fiel. Die Abwehr in diesem Raum war der letzte Kampf, in dem man von einer planmäßigen Verteidigung sprechen konnte. Am Abend des 5. April kam der Befehl, dass die Division unter Belassung schwacher Sicherungen am Feind die Stellung räumen und den Raum westlich Rothenburg erreichen soll" (Ulich, Der Kampf der 212. Division, BA, ZA 1/1147, S. 8 f).

„300 junge Soldaten von 16-18 Lebensjahren lagen auf dem Kampffeld verblutet. Schwester Nothelma, welche zufällig dort zur Erholung weilte und Sanitätsdienste leistete, berichtete hierüber: Wenn die Amerikaner nur wenige Tote hatten, die Deutschen dagegen größtenteils aufgerieben wurden, kam es daher, dass der Kampf mit jungen, nicht ausgebildeten Soldaten geführt wurde, ohne Rückendeckung, ohne genügende Munition, ohne Feldküche und ohne Sanitätseinrichtung. Mancher verblutete aus Mangel an Verbandsstoffen" (Geistlicher Rat Rothermel, wie oben). Diese 300 jungen Soldaten wurden etliche Tage nach Beendigung der Kampfhandlungen in einem Massengrab auf dem Friedhof von Deubach bestattet.

Günters Vater hatte die letzte Hoffnung noch nicht aufgegeben und wandte sich an das „Rote Kreuz", um in Erfahrung zu bringen, ob Günter vielleicht doch noch als Gefangener in den USA überlebt habe. Aber auch dort gab es keine Spur von Günter, wie das „Rote Kreuz" am 04.06.1956 mitteilte.

Erst am 24. 03.1958 brachte ein Schreiben des „Volksbundes Kriegsgräberfürsorge" an Karl Heinz Gewissheit:
„Die Überprüfung hat ergeben, dass es sich bei dem in Bensheim, Grab-Nr. 898 (alte Grab-Nr. 483), Bestatteten mit Sicherheit um ihren lieben Bruder handelt. Als wesentliches Merkmal für die Identifizierung diente die Feststellung, dass auf der Brust des Toten Reste eines blauen Marine-Dreieckstuches gefunden wurden. Wie Sie ja wissen, hat der Kamerad, Herr Petsche, ausgesagt, dass Ihr Bruder den linken Arm in einem derartigen Dreieckstuch getragen hat. Außerdem stimmen das festgestellte Alter und die Körpergröße mit denen Ihres Bruders überein. Bestätigt werden diese Feststellungen noch dadurch, dass die Schulterklappen auf einen Reserve-Offiziersanwärter der Kriegsmarine hinweisen. ... Wir haben den gesamten Sachverhalt der ‚Deutschen Dienststelle' mitgeteilt und diese gebeten, wegen der Kriegssterbefallanzeige alles Erforderliche zu veranlassen. ..."

Abb. 38:   Die Mutter an Günters Grab in Bensheim

Am 03.04.1958 stellte der Standesbeamte in Gohfeld die Sterbeurkunde für Günter Potthast aus. Am Ostersonntag 1958 wurde in der Kirche zu Gohfeld der Nachruf für Günter verlesen.

In jenem Brief vom 28.07.1955, der den entscheidenden Hinweis für das Schicksal von Günter brachte, schilderte sein Kamerad Ernst Petsche schonungslos den letzten Einsatz der Seekadetten aus Heiligendamm:

„Sehr geehrter Herr Potthast!

Ihr Brief hat die harten Kriegstage, die ich mit Günter vor 10 Jahren erlebte, wieder ganz wach in mir werden lassen. Es war grauenvoll, dieses Massensterben junger Menschen, und ich fasse es heute nicht, dass ich am Leben blieb. Hier sei auch gleich gesagt, dass ich Günter als Toten nie gesehen habe und ich infolgedessen die von mir verlangte eidesstattliche Erklärung auch nicht unterschrieb. Die Umstände an jenem verhängnisvollen Aprilmorgen am 4.4.45 sind andererseits aber nicht angetan, anzunehmen, dass Günter am Leben blieb. Zu Ihrer Orientierung will ich kurz und klar skizzieren:

Wir kamen am 26.3. von Lenggries aus zum Einsatz, welcher in Königshofen bei Lauda (Bad Mergentheim) begann. Am 4.4. *(Mittwoch nach Ostern)* starteten wir in Kompaniestärke morgens um 04.00 Uhr einen Sturmangriff auf ein von ca. 700 Amerikanern besetztes Waldstück. Der Angriff fand über Deubach bei Bad Mergentheim statt. Günter befand sich als MG-Schütze III während des Angriffs neben mir. Nach etwa zwei Stunden mörderischen Feuers schrie er neben mir auf: ‚Sanitäter. Hilfe!' Ich rollte mich zu ihm ab und sah, dass ihn ein Dum-Dum-Geschoss *(mit zerfetzender Wirkung)*, leider schossen unsere Gegner fast nur damit, das linke Handgelenk zerrissen hatte. Es hing noch an den Sehnen. Ich verband ihn mitten im Feuer, legte seinen gesunden Arm über meine Schulter, um ihn schnell zum Verbandsplatz zu bringen. Nach etwa 20 Schritten muss ihn eine der um uns surrenden Kugeln erwischt haben, denn er stöhnte auf, griff sich an den Leib und sackte zusammen – Bauchschuss. Ich rannte los, um den Sani zu holen. Mit diesem kam ich leider nicht mehr zu Günter durch, da uns inzwischen viele schwerverwundete Kameraden entgegenkamen und wir vor der Übermacht allmählich weichen mussten. Noch vor Mittag jenes Tages wurden wir aus dem Wald geworfen und bezogen mit den kläglichen Überresten (über 100 Mann von uns waren gefallen) Stellungen davor. Wir hatten leider keine Möglichkeit festzustellen, wer gefallen und wer gefangengenommen war. Nach meiner Rückkehr aus der Gefangenschaft fuhr ich nach Deubach und erfuhr dort, dass die Amerikaner es den Bewohnern erst nach 10 Tagen erlaubten, die Toten zu bergen. Je ein Massengrab wurde in Königshofen und in Deubach angelegt. Viele wurden als ‚unbekannte Soldaten' beigesetzt. Ein in Deubach lebender Pater tat alles, um möglichst viele zu identifizieren, und Vieles gelang ihm auch.

Verzeihen Sie bitte, wenn ich Ihnen mit meiner Schilderung wehgetan habe, aber es gibt da nichts zu beschönigen. ...

Ihr Ernst Petsche."

11. Epilog

Soweit die kurze Lebensgeschichte meines Onkels. Er war 18 Jahre alt, als er starb.

An seinem tristen 18. Geburtstag in Tromsö hatte er noch gehofft, den nächsten Jahrestag fröhlicher und angemessener feiern zu können. Es war ihm nicht vergönnt.

Günter teilt sein Schicksal mit unzähligen anderen jungen deutschen Soldaten. Während des gesamten Krieges fielen etwa 5.318.000 Millionen deutsche Soldaten. Fast 50 % davon starben ab Juli 1944, ab Dezember 1944 starben etwa 1,5 Millionen deutsche Soldaten (Das Deutsche Reich und der Zweite Weltkrieg, Bd. 10/1, S. 486). Fast jede Familie hat Ähnliches durchleben und den Tod hoffnungsvoller junger Menschen beklagen müssen. Andere, die den Krieg überlebt hatten, wie sein Crewkamerad Werner Neumeister, mussten nach der Rückkehr aus der Gefangenschaft feststellen, dass der Vater und beide Brüder gefallen waren.

Zur Zeit dieser Niederschrift waren alle Geschwister von Günter bereits verstorben. Aber durch die von meinem Vater hinterlassenen Unterlagen fühle ich mich verpflichtet, das Schicksal von Günter für unsere Familie festzuhalten, obwohl es keine Nachkommen mehr gibt, die Günter erlebt haben.

Günter wurde als unbekannter Soldat begraben. Nach 13 Jahren konnten seine sterblichen Überreste identifiziert werden als Seekadett Günter Potthast. Und heute ist er fast wieder schon ein „unbekannter Soldat", weil alle, die ihn kannten, schon verstorben sind. Die Kriegsgräberstätten erinnern uns jedoch mahnend an die furchtbaren Schicksale der Toten und das Leid ihrer Familien.

Ich habe das kurze Leben von Günter stellvertretend beschrieben für all die anderen jungen Soldaten, die insbesondere in den letzten Kriegsmonaten sinnlos sterben mussten, als sich die Niederlage der deutschen Wehrmacht bereits deutlich abzeichnete.

Literaturverzeichnis:

Bundesarchiv, Militärarchiv Freiburg, abgekürzt: BA

Albert, Ekkehard, Einsatz des XIII. SS-Armee-Korps zwischen Rhein und Alpen, BA, ZA 1/1088

Breyer, Siegfried, Die Deutsche Kriegsmarine, 1994

Das Deutsche Reich und der Zweite Weltkrieg, Band 10/1, Hg. Rolf-Dieter Müller, München 2008

Hobe, Cord von, Einsatz der 212. Division, 30.3.45-2.4.45, BA, ZA 1/1123

Potthast, Joachim, Erfolg geht vor Rückkehr, 21.09.2014, Privatdruck

Rahn, Werner, Winkelriede, Opferkämpfer oder Sturmwikinger? Zu besonderen Einsatzformen der deutschen Kriegsmarine 1944/45, in: Deutsche Marinen im Wandel, 2005

Rothermel, Leopold, Kriegsereignisse des Weltkrieges 1939-45 im badischen Frankenlande, Königheim, 1945

Schmoeckel, Helmut, Menschlichkeit im Seekrieg, Herford 1987

Ulich, Max, Der Kampf der 212. Division, vom 1.-28. April 1945, BA, ZA 1/1147

Offiziersdienstgrade der Kriegsmarine

Großadmiral
Generaladmiral
Adm = Admiral
VAdm = Vizeadmiral
KAdm = Konteradmiral

KptzS = Kapitän zur See
FKpt = Fregattenkapitän
KKpt = Korvettenkapitän

Kptlt = Kapitänleutnant
OLtzS = Oberleutnant zur See
LtzS = Leutnant zur See

OFhrzS = Oberfähnrich zur See (entspricht Oberbootsmann)
FhrzS = Fähnrich zur See (entspricht Bootsmann)
Skad = Seekadett (entspricht Bootsmannsmaat, bzw. Maat)

MatrOA = Matrose, Offziersanwärter

Herstellung und Verlag:
BoD - Books on Demand, Norderstedt

ISBN 978-3-7460-3538-3